なかまの漢字《かんじ》(1)

(…で習《なら》った漢字《かんじ》)

JN051742

学習日《がくしゅうび》　月　日

とく点　点

1 次《つぎ》のなかまになる漢字《かんじ》を書きましょう。（一つ5点）

(1)〈体〉

① 毛《け》

② 顔《かお》

③ 首《くび》

④ 頭《あたま》

(2)〈家族《かぞく》〉

① □《ちち》

② □《はは》

③ □《あに》

④ □《あね》

⑤ □《おとうと》

⑥ □《いもうと》

2 □になるなかまの漢字《かんじ》を書きましょう。（一つ5点）

(1)〈体〉

① □《くび》をぐるぐる回す。

② まくらに□《あたま》をのせる。

③ ふろで□《かお》やかみの□《け》をあらう。

(2)〈家族《かぞく》〉

① □《ちち》と□《はは》がいっしょに出かける。

② □《あに》が□《おとうと》の世話《せわ》をする。

③ □《あね》が□《いもうと》を公園につれていく。

おもしろことばメモ　「一心同体《いっしんどうたい》」の「しん」は「身」ではなく「心」だよ。「二人いじょうの人が，心が一つ，体が同じとなるような，強いむすびつきになること」をいうよ。

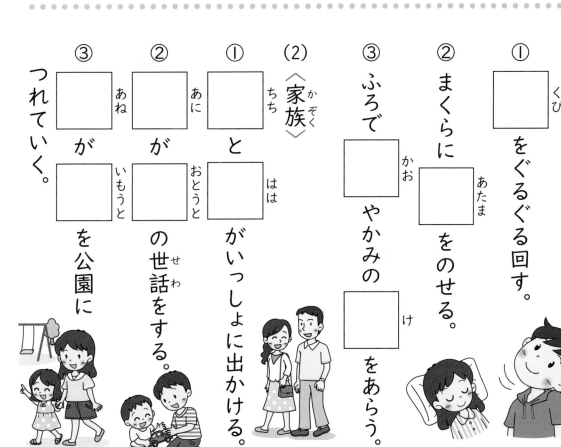

なかまの漢字《かんじ》(2)

(二年生で習《なら》った漢字《かんじ》)

学習日 月 日　とく点 点

1 次《つぎ》のなかまになる漢字《かんじ》を書きましょう。（一つ4点）

(1)〈きせつ〉

① 春《はる》　② □《なつ》　③ □《あき》　④ □《ふゆ》

(2)〈方角〉

① □《きた》・② □《みなみ》・③ □《ひがし》・④ □《にし》

(3)〈色〉

① □《あお》　② □《あか》　③ □《しろ》　④ □《ちゃ》　⑤ □《き》　⑥ □《くろ》

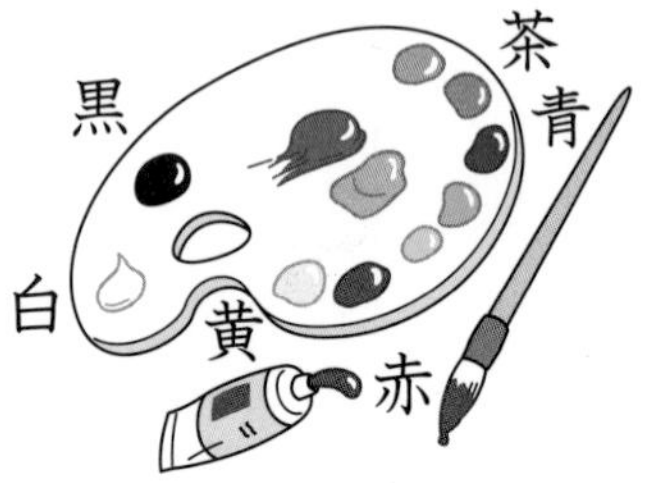

2 □になかまになる漢字《かんじ》を書きましょう。（一つ4点）

(1)〈きせつ〉

① □《ふゆ》が終《お》わると□《はる》が来る。

② □《なつ》から□《あき》にかけて台風が多い。

(2)〈方角〉

① 川が□《きた》から□《みなみ》に流《なが》れている。

② 電車が□《ひがし》から□《にし》に向《む》かう。

(3)〈色〉

① しん号《ごう》が□《き》色《いろ》から赤になる。

② □《ちゃ》色《いろ》や□《くろ》いくつがならぶ。

わくわく情報《じょうほう》　チューリップの球根《きゅうこん》は，寒《さむ》いきせつをすごさないと，めが出ないよ。

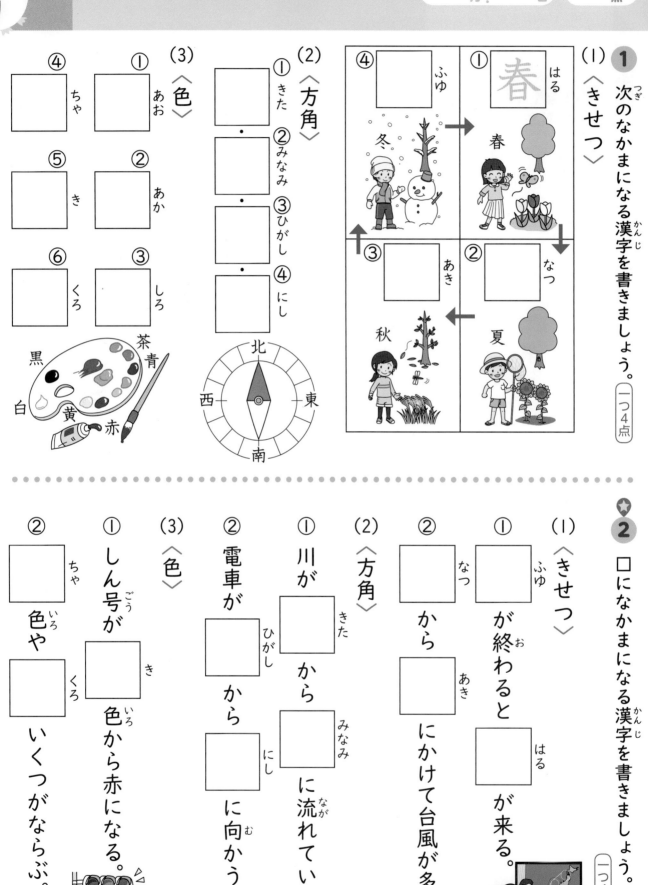

なかまの漢字《かんじ》(3)

(二年生で習《なら》った漢字《かんじ》)

学習日	とく点
月　日	点

1 次《つぎ》のなかまになる漢字《かんじ》を書きましょう。（一つ5点）

〈教科〉

① こく ご □□

国語

② さん すう □□

算数

③ り か □□

理科

④ しゃ かい □□

社会

⑤ せい かつ □□

生活

⑥ ず こう □□

図工

⑦ おん がく □□

音楽

⑧ たい いく □育

体育《いく》

2 □に漢字《かんじ》を書きましょう。（一つ5点）

① こく ご □□で外《がい》国《こく》の物語《ものがたり》を読む。

② さん すう □□でかけ□《ざん》を習《なら》う。

③ り か □□の実《じっ》けん。

④ しゃ かい □□で地図記号《きごう》をおぼえる。

⑤ せい かつ □□であさがおを育《そだ》てた。

⑥ ず こう □□で□□《こうさく》をする。

⑦ おん がく □□で□《がっ》きをひく。

⑧ たい いく □育でとび箱《ばこ》をとぶ。

おもしろことばメモ　イソギンチャクは，きんちゃく（ひもで口をしぼるふくろ）のように体をちぢめることから，この名前がついたんだ。

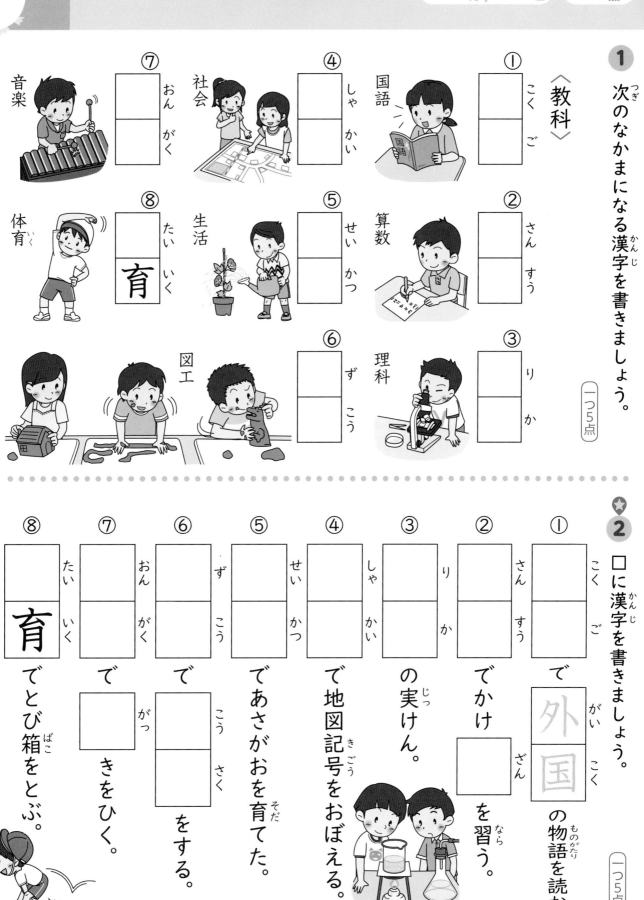

送《おく》りがな(1)

学習日　月　日　とく点　点

1 ―《せん》の送《おく》りがな(漢字《かんじ》の下につづけて書くかな)に注意《ちゅうい》して文を読み、□の漢字《かんじ》の読みがなを書きましょう。(一問《もん》全部《ぜんぶ》できて5点)

(1)
(あ) 台に上がる。
(　) 川を上る。

(2)
(い) 力を入れる。
(　) ふろに入る。

(3)
(　) 駅《えき》へ行く。
(おこな) 式《しき》を行う。

(4)
(　) 住所《じゅうしょ》を教える。
(おそ) 先生に教わる。

2 ―《せん》のことばを、漢字《かんじ》と送《おく》りがなで書きましょう。(一つ10点)

(1) プールにいく。(行く)

(2) 練習《れんしゅう》をおこなう。(行　)

(3) 使《つか》い方《かた》をおしえる。(教　)

(4) ピアノをおそわる。(教　)

(5) かばんに本をいれる。(　)

(6) ベッドの上にあがる。(　)

(7) 兄からえい語をおそわる。(　)

(8) 水泳大会《すいえいたいかい》をおこなう。(　)

わくわく情報《じょうほう》
かみなりからはなれたところでは，いなびかりが見えてから，少しおくれてかみなりの音が聞こえてくるよ。光のほうが音より速《はや》くつたわるからなんだ。

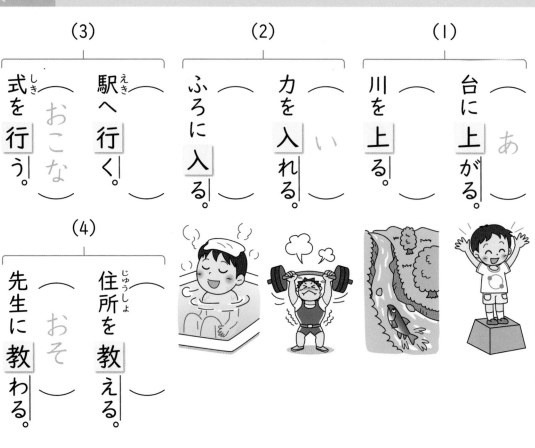

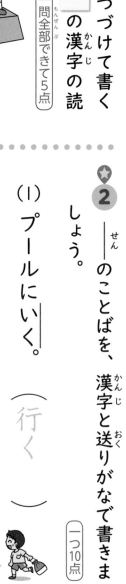

送《おく》りがな(2)

学習日　月　日　とく点　点

1 ―線《せん》のことばに注意《ちゅうい》して、送《おく》りがなを書きましょう。 一問全部《もんぜんぶ》できて3点

(1)
（細い） ほそいひも。
（細　） こまかい字。

(2)
（少ない） 数がすくない。
（少　） すこし食べる。

(3)
（明かり） 町のあかり。
（明　） 空があかるい。

(4)
（開く） 花がひらく。
（開　） 戸をあける。

2 ―線《せん》のことばは、送《おく》りがながまちがっています。正しい送《おく》りがなを書きましょう。 一つ4点

(1) 細そい道。 （細　）

(2) ろうそくの明り。 （明　）

(3) 少こしまどを開る。 （　） （　）

☆ **3** ―線《せん》のことばを、漢字《かんじ》と送《おく》りがなで書きましょう。 一つ8点

(1) すこし休む。 （　）

(2) あかりがつく。 （　）

(3) こまかいもよう。 （　）

(4) すくないお金。 （　）

(5) あかるい部屋《へや》。 （　）

(6) 店がひらく。 （　）

(7) もけいのこまかい部分《ぶぶん》。 （　）

(8) 雨のふる日がすくない。 （　）

(9) あかるい声で返事《へんじ》をする。 （　）

おもしろことばメモ
「うのみにする」というのは，「人の言うことを，よく考えもせずしんじる」という意味《いみ》だよ。うという鳥が魚を丸のみにすることからきているんだ。

送《おく》りがな(3)

学習日　月　日　とく点　点

1 使《つか》い方《かた》によって形がかわる送《おく》りがなを書きましょう。（一つ2点）

書く

- 今日《きょう》は、作文を書［か］ない。
- 住所《じゅうしょ》と名前を書［き］ます。
- 毛筆《もうひつ》で書［　］ときの注意《ちゅうい》。
- 漢字《かんじ》で書［け］ば、よくわかる。
- 読書感想文《かんそうぶん》を書［　］う。
- おじいさんに手紙を書［い］た。

2 □に合う送《おく》りがなを書きましょう。（一つ8点）

(1) 全員《ぜんいん》が文字を書□始《はじ》めた。

(2) ていねいに字を書□た。

(3) 先生が答えを書□まで待《ま》つ。

3 次《つぎ》のことばを、文に合う形で（　）に書きましょう。（一つ8点）

(1) **走る**

① ろう下では（走ら）ない。

② 思いきり（　　）た。

③ （　　）ば、息《いき》がきれる。

④ ゆっくり（　　）ます。

(2) **話す**

① 友だちと電話で（　　）た。

② 自分の考えを（　　）う。

③ 何も（　　）ないで帰る。

④ 人前で（　　）ときは、少し大きな声でしゃべる。

わくわく情報

台風のうずは，北半球《きたはんきゅう》では左まきだけど，南半球《みなみはんきゅう》では右まきになるよ。

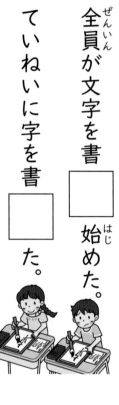

漢字《かんじ》の音と訓《くん》
（二年生で習《なら》った漢字《かんじ》）

学習日　月　日　とく点　点

1 ――《せん》の漢字《かんじ》の読みがなを書きましょう。（一つ5点）

(1) 友人（　　）　友だち（　だち）

(2) 時間（　　）　今時（　　）

(3) 会場（　　）　すな場（すな　）

(4) 強風（　　）　北風（　　）

(5) 夜間（　　）　夜なか（　なか）

(6) 歩行（　　）　歩く（　く）

2 次《つぎ》のせつ明を読んでから、あとの問題《もんだい》に答えましょう。（一つ8点）

音読みと訓読《くん》み

漢字《かんじ》の読み方には、音読みと訓読《くん》みの二しゅるいがある。漢字《かんじ》が中国《ちゅうごく》から日本につたわった時の、中国《ちゅうごく》での発音《はつおん》に近い読み方を音読み、その漢字《かんじ》の意味《いみ》に合う日本語を当てはめた読み方を訓読《くん》みという。

◆ 次《つぎ》の――《せん》の漢字《かんじ》の読み方で、音読みで読むほうを○でかこみましょう。

(1) 合図《あいず》　合体《がったい》

(2) 会話《かいわ》　会《あ》う

(3) 近所《きんじょ》　近《ちか》い

(4) 星《せい》ざ　星空《ほしぞら》

(5) 野原《のはら》　草原《そうげん》

わくわく情報《じょうほう》　ラクダのせ中のこぶには，しぼうがぎっしりつまっている。さばくで食《た》べ物《もの》がないときは，このしぼうからえいよう分をとるよ。

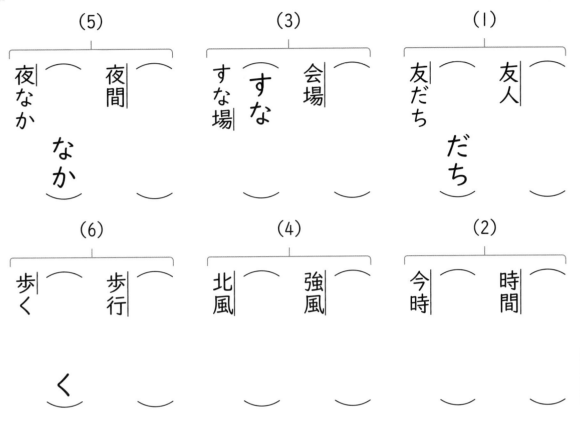

国語辞典の使《つか》い方《かた》(1)

学習日　月　日　とく点　点

1 国語辞典《じてん》のきまりを読んでから、あとの問《もん》題《だい》に答えましょう。（一つ10点）

国語辞典《じてん》のきまり①

国語辞典《じてん》では、ことばが「あいうえお…（五十音）」じゅんにならべてある。

◆ 国語辞典《じてん》で、前に出ていることばのほうを、○でかこみましょう。

① あさ・　かめ・

② あり・　いし・

③ こい・　かい・

④ つの・　つき・

⑤ かもめ・　からす・

「あ」と「か」をくらべるんだね。

2 国語辞典《じてん》のきまりを読んでから、あとの問《もん》題《だい》に答えましょう。（一つ10点）

国語辞典《じてん》のきまり②

国語辞典《じてん》では、「あ・か・さ・た…」などのふつうの音、「が・ざ・だ・ば」などのにごる音、「ぱ・ぴ・ぷ・ぺ・ぽ」の「゜」のつく音のじゅんにならべてある。

◆ 国語辞典《じてん》で、前に出ていることばのほうを、○でかこみましょう。

① ざる・　さる・

② たい・　だい・

③ ぶた・　ふた・

④ かき・　かぎ・

⑤ ベンチ・　ペンチ・

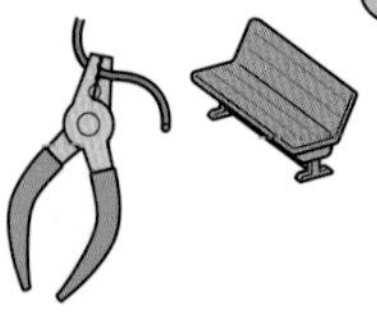

「ざ」より「さ」が前に出ているよ。

わくわく情報《じょうほう》　南きょくと北きょくでは，南きょくのほうが氷《こおり》が多いよ。地球上《ちきゅうじょう》の氷《こおり》の90パーセントが南きょくにあると考えられているんだ。

国語辞典《じてん》の使《つか》い方《かた》(2)

学習日　月　日　とく点　点

1 次《つぎ》のせつ明を読んでから、あとの問題《もんだい》に答えましょう。（一つ4点）

小さく書く字

小さく書く「っ・ゃ・ゅ・ょ」は、大きく書く「つ・や・ゆ・よ」のあとにならべてある辞典《じてん》と、前にならべてある辞典《じてん》とがある。子ども向《む》けの国語辞典《じてん》の多くは、小さく書く字があとにならべてある。

◆小さく書く字が大きく書く字のあとにならべてある国語辞典《じてん》で、前に出ていることばのほうを、◯でかこみましょう。

①
- （いしや）・
- いしゃ・

②
- じゆう・
- じゅう

③
- さっき・
- さつき

④
- びよういん・
- びょういん

小さく書く字と

2 国語辞典《じてん》に出ているじゅんに、番号《ばんごう》をつけましょう。（一問全部《もんぜんぶ》できて12点）

(1)
- （　）あり
- （1）あさ

(2)
- （　）あひる
- （　）あさがお

(3)
- （　）とんぼ
- （　）すいか

(4)
- （　）たまご
- （　）かえる
- （　）めだか

(5)
- （　）おわり
- （　）まわり
- （　）まつり

(6)
- （　）ぽろぽろ
- （　）ほろほろ
- （　）ぼろぼろ

☆(7)
- （　）きゅうり
- （　）きょうりゅう
- （　）きゅうしょく

はじめが同じ音のときは、次《つぎ》のところでくらべるよ。

おもしろことばメモ　「一《いち》か八《ばち》か（運《うん》にまかせてものごとを行う様子《ようす》）」，「九死《きゅうし》に一生をえる（あぶないところで助《たす》かる）」など，数字を使《つか》った言い方はたくさんあるよ。

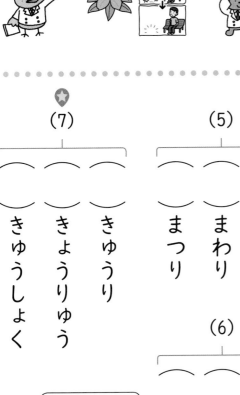

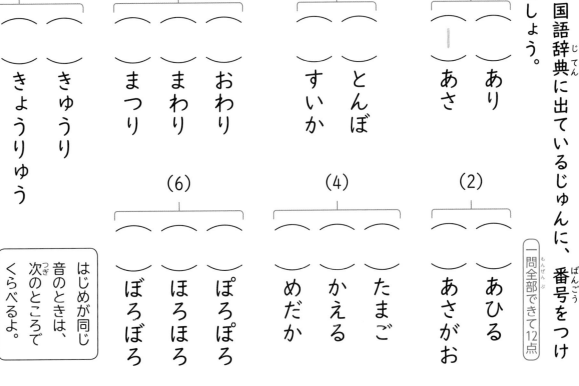

国語辞典《じてん》の使《つか》い方《かた》(3)

学習日　月　日　とく点　点

1 —《せん》のことばを国語辞典《じてん》に出ている形に直して書きましょう。（一つ4点）

▶国語辞典《じてん》に出ている形

(1) 作文を書いた。（書く）

(2) 物語《ものがたり》を読みます。（読む）

(3) 駅《えき》まで遠かった。（遠い）

(4) しずかなお寺。（しずか）

2 —《せん》のことばの国語辞典《じてん》に出ている形を〔　〕からえらんで、○でかこみましょう。（一つ8点）

(1) ふしぎに思った。〔思う ・ 思いました〕

(2) 話を聞けば、よくわかる。〔聞く ・ 聞こえる〕

(3) 相手《あいて》チームは強かった。〔強く ・ 強い〕

3 —《せん》のことばを国語辞典《じてん》に出ている形に直して書きましょう。（一つ10点）

(1) ゆっくり歩いた。（歩　）

(2) 広場が近かった。（　）

☆4 —《せん》のことばを国語辞典《じてん》に出ている形に直して書きましょう。（一つ10点）

夏休みにキャンプに行った。川で(1)ひやしたすいかを(2)切って食べた。その夜、キャンプファイヤーでは、(3)楽しく歌ったり(4)おどったりした。

(1)（　）

(2)（　）

(3)（　）

(4)（　）

おもしろことばメモ　ことわざには，「さるも木から落《お》ちる（どんなにすぐれた人でもしっぱいすることがある）」など，動物《どうぶつ》が入ったものがたくさんあるよ。

三年生の漢字《かんじ》(1)

学習日　月　日　とく点　点

1 ――線《せん》の漢字《かんじ》に注意《ちゅうい》して文章《ぶんしょう》を読み、読みがなを書きましょう。（全部《ぜんぶ》で20点）

国語の学習（がくしゅう）で、場面（ばめん）の様子（ようす）を読みとる。また、漢字《かんじ》の使（つか）い方《かた》を何度（なんど）も調（しら）べる。

2 ――線《せん》の漢字《かんじ》の読みがなを書きましょう。（一つ5点）

(1) 学習（　　　）

(2) 場面（　　　）

(3) 様子（　　　）

(4) 使（　　　）い方《かた》

(5) 何度（　　　）

(6) 調（　　　）べる

3 書きじゅんに注意《ちゅうい》して書きましょう。（全部《ぜんぶ》で20点）

習　読み方　シュウ・なら(う)

面　読み方　メン・〈おも〉・〈おもて〉・〈つら〉

様　読み方　ヨウ・さま

使　読み方　シ・つか(う)

度　読み方　ド・〈ト〉・〈タク〉・〈たび〉

調　読み方　チョウ・しら(べる)・〈ととの(う)〉・〈ととの(える)〉

4 □に漢字《かんじ》を書きましょう。（一つ5点）

(1) □《つか》い方《かた》を□□《がくしゅう》する。

(2) □□《なんど》も□《しら》べる。

(3) □□《ばめん》の□□《ようす》。

おもしろことばメモ　「口をはさむ（ほかの人の話にわりこんで話す）」，「手をつくす（あらゆる方ほうをとってみる）」など，体の一部《いちぶ》が入った言い方はたくさんあるよ。

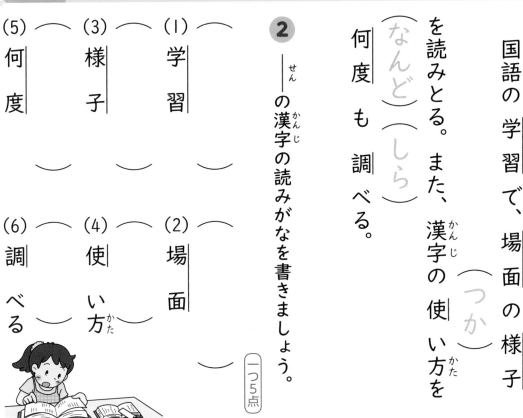

文の組み立て(1)

学習日 月 日　とく点 点

1 絵を見て、あとの問題《もんだい》に答えましょう。（一つ10点）

(1) 何が、走っていますか。「何が」にあたることばに、——線《せん》を引きましょう。

［子犬が　走る。］

(2) 何が、とんでいますか。「何が」にあたることばに、——線《せん》を引きましょう。

［小鳥が　とぶ。］

(3) だれが、遊《あそ》んでいますか。「だれが」にあたることばに、——線《せん》を引きましょう。

［男の子が　遊《あそ》ぶ。］

(4) だれが、歩いていますか。「だれが」にあたることばに、——線《せん》を引きましょう。

［おじいさんが　歩く。］

2 「何が」「だれが」にあたることばを書きましょう。（一つ10点）

(1) せみが　ミンミン　鳴く。

（□□が）

(2) 馬が　パカパカ　走る。

（　　　）

(3) 弟が　ボールを　ける。

（　　　）

3 「何が（は）」「だれが（は）」にあたることばを書きましょう。（一つ15点）

(1) 魚が　広い　水そうで　泳《およ》ぐ。

（　　　）

(2) きのう　兄は　プールに　行った。

（　　　）

おもしろことばメモ　はじめから読んでも終《お》わりから読んでも同じことばになるよ。「こうたうたうこ（小うた歌う子）」

文の組み立て(2)

学習日　月　日　とく点　点

1 絵を見て、あとの問題《もんだい》に答えましょう。（一つ10点）

(1) 子犬は、どうしていますか。「どうする」にあたることばに、――線《せん》を引きましょう。

［子犬が　しっぽを　ふる。］

(2) うさぎは、どうしていますか。「どうする」にあたることばに、――線《せん》を引きましょう。

［うさぎが　ぴょんぴょん　はねる。］

(3) 男の子は、どうしていますか。「どうする」にあたることばに、――線《せん》を引きましょう。

［男の子が　うさぎを　おいかける。］

2 「どうする」にあたることばを書きましょう。（一つ10点）

(1) 馬が　パカパカ　走る。

（　　　　）

(2) にわとりが　たまごを　うむ。

（　　　　）

(3) 父が　りょう理を　作る。

（　　　　）

3 「どうする」にあたることばを書きましょう。（一つ20点）

(1) 兄は、目ざまし時計《どけい》の音で、あわてて　とびおきる。

（　　　　）

(2) 妹が、大きな　紙に　ひまわりの　絵を　かきはじめる。

（　　　　）

わくわく情報《じょうほう》　体じゅうのすべての血《けっ》かんをつなぐと，地球《ちきゅう》を2しゅう半する長さになるよ。

文の組み立て(3)

学習日　月　日　とく点　点

1 絵を見て、あとの問題《もんだい》に答えましょう。（一つ10点）

(1) からすは、どんなですか。「どんなだ」にあたることばに、——《せん》を引きましょう。

［からすは　黒い。］

(2) ひまわりの花は、どんなですか。「どんなだ」にあたることばに、——《せん》を引きましょう。

［ひまわりの　花は　大きい。］

(3) からすやはとは、何ですか。「何だ」にあたることばに、——《せん》を引きましょう。

［からすや　はとは　鳥だ。］

2 「どんなだ」「何だ」にあたることばを書きましょう。（一つ10点）

(1) 父の　かさは　長い。

（　　　　）

(2) 太陽《たいよう》の　光が　まぶしい。

（　　　　）

(3) 夜空の　星が　きれいだ。

（　　　　）

(4) キャベツや　なすは　野さいだ。

（　　　　）

3 「どんなだ」「何だ」にあたることばを書きましょう。（一つ15点）

(1) 図書館《としょかん》で　かりた　本は、おもしろい。

（　　　　）

(2) ぼくの　弟は、今年《ことし》　一年生だ。

（　　　　）

おもしろことばメモ　アサガオ（朝顔）は朝に美《うつく》しい花をさかせることからこの名前がついたよ。夕方に花をさかせるユウガオ（夕顔）という名前の植物《しょくぶつ》もあるよ。

三年生の漢字《かんじ》(2)

学習日　月　日　とく点　点

1 ──《せん》の漢字《かんじ》に注意《ちゅうい》して文を読み、読みがなを書きましょう。（全部《ぜんぶ》で15点）

（としょかん）（みや）（ひろ）
図書館の近くのお宮で拾った
（は）（ね）（ぶぶん）
木の葉っぱや根の部分を
（しょくぶつ）
植物図かんで見てみる。

2 ──《せん》の漢字《かんじ》の読みがなを書きましょう。（一つ5点）

(1) 図書館（　　）
(2) お宮（　　）
(3) 拾う（　　）
(4) 葉（　　）っぱや根（　　）
(5) 部分（　　）
(6) 植物（　　）

3 書きじゅんに注意《ちゅうい》して書きましょう。（全部《ぜんぶ》で15点）

漢字	読み方
館	カン・やかた
拾	〈シュウ〉・〈ジュウ〉・ひろ(う)
根	コン・ね
植	ショク・う(える)・う(わる)
宮	キュウ・〈グウ〉・〈ク〉・みや
葉	ヨウ・は
部	ブ
物	ブツ・モツ・もの

4 □に漢字《かんじ》を書きましょう。（一つ5点）

(1) □□□《としょかん》の近くのお□《みや》。
(2) □□《しょくぶつ》のたねを□《ひろ》う。
(3) 木の□《は》や□《ね》の□□《ぶぶん》。

わくわく情報《じょうほう》　世界《せかい》ではじめてうちゅうに行ったのはソ連《れん》（今のロシア連《れん》ぽう）のガガーリン。「地球《ちきゅう》は青かった」ということばで有名《ゆうめい》だね。

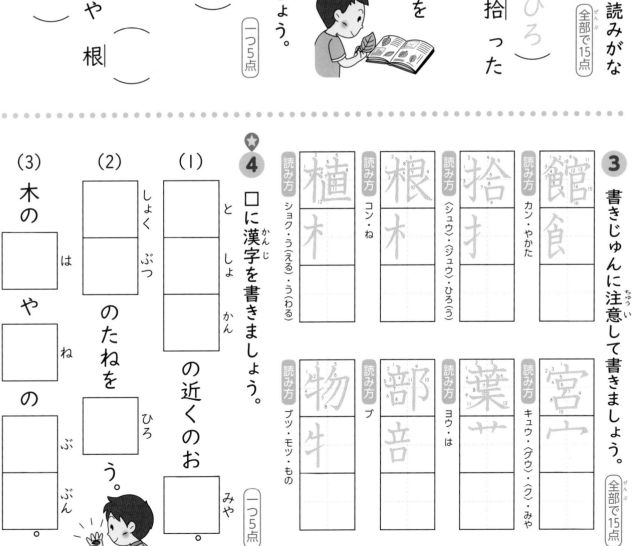

物語《ものがたり》の読みとり(1)

学習日　月　日　とく点　点

1 次《つぎ》の文を読んで、問題《もんだい》に答えましょう。（20点）

きのう、金魚がたまごをうみました。

◆ 金魚がたまごをうんだのは、いつですか。

〔きのう〕

2 次《つぎ》の文を読んで、問題《もんだい》に答えましょう。（20点）

夕方、かみなりが鳴りました。

◆ かみなりが鳴ったのは、いつですか。

〔　　〕

3 次《つぎ》の文を読んで、問題《もんだい》に答えましょう。（20点）

ぼくたちは、昼休みにグラウンドでサッカーをした。

◆ サッカーをしたのは、いつですか。

〔　　　〕

4 次《つぎ》の文章《ぶんしょう》を読んで、問題《もんだい》に答えましょう。（20点）

ほうか後のことでした。ボール遊《あそ》びをしていて、教室のまどガラスをわってしまいました。

◆ まどガラスをわったのは、いつのことですか。

〔　　　　〕のこと。

5 ☆ 次《つぎ》の文章《ぶんしょう》を読んで、問題《もんだい》に答えましょう。（20点）

夏休みのことでした。ぼくたちは、近くの山でキャンプをすることになり、それぞれが持《も》っていく物《もの》などの用意《ようい》を始《はじ》めていました。

◆ いつのことですか。

〔　　　〕のこと。

おもしろことばメモ　ヒマワリということばは，「お日さまについて回る花」という意味《いみ》だよ。

物語《ものがたり》の読みとり(2)

学習日　　月　　日　　とく点　　点

1 次《つぎ》の文を読んで、問題《もんだい》に答えましょう。（10点）

子犬は、ぶるぶるとふるえていました。

◆ 子犬は、どんな様子《ようす》でしたか。

□□□□と
ふるえていた。

2 次《つぎ》の文を読んで、問題《もんだい》に答えましょう。（15点）

大きな魚が、ゆっくりと泳《およ》いでいました。

◆ 大きな魚は、どんな様子《ようす》でしたか。

□□□□と
泳《およ》いでいた。

3 次《つぎ》の文を読んで、問題《もんだい》に答えましょう。（15点）

妹が、家の中でしくしくないていました。

◆ 妹は、どんな様子《ようす》でしたか。

家で［　　　　］ないていた。

4 次《つぎ》の文章《ぶんしょう》を読んで、問題《もんだい》に答えましょう。（20点）

ぼくは、教室に入ろうとしました。すると、弟が、いそいで走ってきました。

◆ 弟は、どんな様子《ようす》でしたか。

□□□□
走ってきた。

5 ☆ 次《つぎ》の文章《ぶんしょう》を読んで、問題《もんだい》に答えましょう。（一つ20点）

おばあさんは、荷物《にもつ》を下におきました。手でこしをたたくと、どたっとベンチにこしかけました。

◆ 荷物《にもつ》をおいたおばあさんは、どんな様子《ようす》でしたか。

手でこしを［　　　　］と、
［　　　　］とベンチにこしかけた。

わくわく情報《じょうほう》　サケは，大きくなったらたまごをうむために海から生まれた川へ帰ってくるよ。生まれた川にきちんと帰ってくるのは，川のにおいをおぼえているから，ともいわれているんだ。

物語《ものがたり》の読みとり(3)

学習日　月　日　　とく点　点

1 次《つぎ》の文章《ぶんしょう》を読んで、問題《もんだい》に答えましょう。

　ライオンのじんざは、年取《と》っていた。ときどき耳をひくひくさせながら、テントのかげのはこの中で、一日中ねむっていた。ねむっているときは、いつもアフリカのゆめを見た。ゆめの中に、お父さんやお母さんや兄さんたちがあらわれた。草原の中を、じんざは風のように走っていた。

（令和2年度版　東京書籍　新しい国語三上　128〜129ページより　『サーカスのライオン』川村《かわむら》　たかし）

(1) じんざは、どんな様子《ようす》でねむりますか。（一つ10点）

ときどき［　　］を［　　］させる。

(2) じんざは、どこで何をするゆめを見ましたか。（一つ15点）

［　　］の草原で［　　］のように走っているゆめ。

2 次《つぎ》の文章《ぶんしょう》を読んで、問題《もんだい》に答えましょう。

「じゃあ、気をつけて、あらしの夜に。」
「さいなら、あらしの夜に。」
　さっきまであれくるっていたあらしがうそのように、さわやかな風がふわりとふいた。
　夜明け前のしずかなやみの中を、手をふりながら左右に分かれていく二つのかげ。

（令和2年度版　学校図書　みんなと学ぶ　小学校国語三上　107ページより　『あらしの夜に』木村《きむら》　裕一《ゆういち》）

(1) いつのことですか。（20点）

［　］［　］［　］［　］のこと。

(2) まわりは、どんな様子《ようす》ですか。（一つ10点）

あれくるっていた［　　］が［　　］のようにやんで、さわやかな［　　］がふいている様子《ようす》。

おもしろことばメモ
ヤモリは，おもに家のかべや天じょうにはりついていることから，「家を守《まも》る」という意《い》味《み》で「家守《やもり》」という名前がついたよ。

三年生の漢字《かんじ》(3)

学習日　月　日　　とく点　点

1 ―《せん》の漢字《かんじ》に注意《ちゅうい》して文を読み、読みがなを書きましょう。（全部《ぜんぶ》で15点）

一秒（いちびょう）ごとに鉄《てつ》の板（いた）が次（つぎ）から次と送（おく）られ、番号（ばんごう）がつけられると、平（たい）らな場所（ばしょ）に運《はこ》ばれた。

2 ―《せん》の漢字《かんじ》の読みがなを書きましょう。（一つ5点）

(1) 一秒（　　）
(2) 次の人（　　）
(3) 番号（　　）
(4) 場所（　　）
(5) 送る（　　）
(6) 平らな板（　　）（　　）

3 書きじゅんに注意《ちゅうい》して書きましょう。（全部《ぜんぶ》で15点）

秒　読み方　ビョウ
次　読み方　ジ・〈シ〉・つ(ぐ)・つぎ
号　読み方　ゴウ
所　読み方　ショ・ところ
板　読み方　ハン・バン・いた
送　読み方　ソウ・おく(る)
平　読み方　ヘイ・ビョウ・たい(ら)・ひら

4 □に漢字《かんじ》を書きましょう。（一つ5点）

(1) □《つぎ》の□□《ばんごう》。
(2) □《たい》らな□□《ばしょ》。
(3) 一《いち》□《びょう》ごとに□《いた》が□《おく》られる。

わくわく情報《じょうほう》　サメの歯《は》は，ぬけ落《お》ちても新しい歯《は》がおくからどんどん出てきて，何度《なんど》でも生えかわるよ。

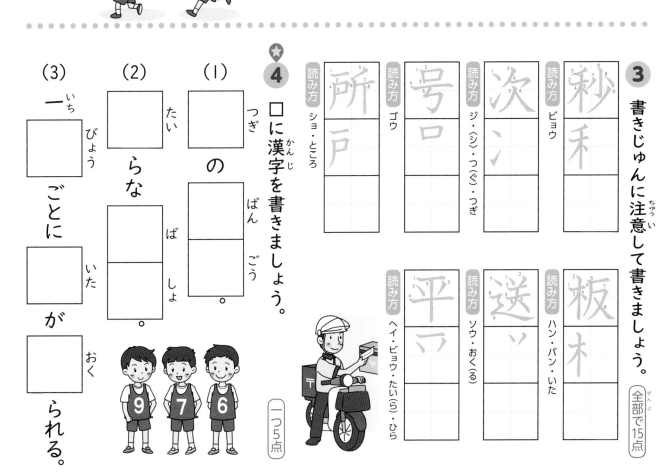

せつ明文の読みとり(1)

学習日　月　日　とく点　点

1 次《つぎ》の文を読んで、問題《もんだい》に答えましょう。（10点）

もんしろちょうがキャベツ畑《ばたけ》にやってきました。

◆ もんしろちょうは、どこにやってきましたか。

□□□□□にやってきた。

2 次《つぎ》の文を読んで、問題《もんだい》に答えましょう。（一つ15点）

昼間は、花のみつをさがしてとびまわっているちょうは、夜になると地面《じめん》に近い葉《は》っぱにとまって、ねむります。

◆ ちょうは、夜、どこでねむりますか。

□□に近い□□□にとまってねむる。

3 次《つぎ》の文を読んで、問題《もんだい》に答えましょう。（20点）

ゲンジボタルは、おもに川岸《かわぎし》の岩や木の根《ね》もとに生えているしめったこけにたまごをうみます。

◆ ゲンジボタルは、どこにたまごをうみますか。

川岸《かわぎし》の岩や木の根《ね》もとに生えているしめった□□にたまごをうむ。

4 次《つぎ》の文章《ぶんしょう》を読んで、問題《もんだい》に答えましょう。（一つ20点）

ゲンジボタルのよう虫は、明るい場所《ばしょ》がにがてです。昼は、水のそこの石の下などにもぐりこんでいます。

◆ ゲンジボタルのよう虫は、昼は、どこにいますか。

水のそこの□□□などにもぐりこんでいる。

おもしろことばメモ　メガネザルはインドネシアなどに住《す》んでいるサルだよ。めがねのような大きな目をもっているので，この名前がついたんだ。

せつ明文の読みとり(2)

学習日 月 日　とく点 点

1 次《つぎ》の文章《ぶんしょう》を読んで、問題《もんだい》に答えましょう。（10点）

ダニは、犬や牛などについたり、家の中のほこりやごみにまじったりしていますが、葉《は》っぱにつくダニもたくさんいます。これを「ハダニ」といいます。

◆「ハダニ」とは何につくダニですか。

□□□につくダニ。

2 次《つぎ》の文章《ぶんしょう》を読んで、問題《もんだい》に答えましょう。（一つ15点）

さくらの花の芽《め》は、前の年の夏にできて、冬の間につぼみがふくらみます。そして、あたたかな春になって花を開《ひら》きます。ちゃんときせつを知っているのですね。

◆「ちゃんときせつを知っている」とは、さくらの花のどんな様子《ようす》を言《い》い表《あらわ》しているのですか。

前の年の□に花の芽《め》ができ、□の間に□□□がふくらみ、□になって花が開《ひら》く様子《ようす》。

3 次《つぎ》の文章《ぶんしょう》を読んで、問題《もんだい》に答えましょう。（一つ15点）

やどかりは、自分のからだが大きくなるのに合わせて、ちょうどよい大きさの貝をさがします。よさそうな貝がらを見つけると、はさみで貝がらの大きさをはかったり、外がわや内がわをていねいに調《しら》べたりします。

◆やどかりは、ちょうどよい大きさの貝がらを見つけると、どうしますか。

□で貝がらの□をはかったり、外がわや内がわをていねいに調《しら》べたりする。

わくわく情報《じょうほう》　カバのひふはとてもデリケート。人間の3～5倍《ばい》もかんそうしやすいので，暑《あつ》いときは水の中に入っていないと，かわいてひびわれてしまうよ。

国語

22回 せつ明文の読みとり⑶

学習日　月　日　　とく点　点

1 次《つぎ》の文章《ぶんしょう》を読んで、問題《もんだい》に答えましょう。（一つ10点）

もんしろちょうのよう虫は、たまごの上のほうをくいやぶって外に出てきます。そして、自分のたまごのからを食べてしまいます。そのあと、やわらかい葉《は》っぱをさがして食べます。

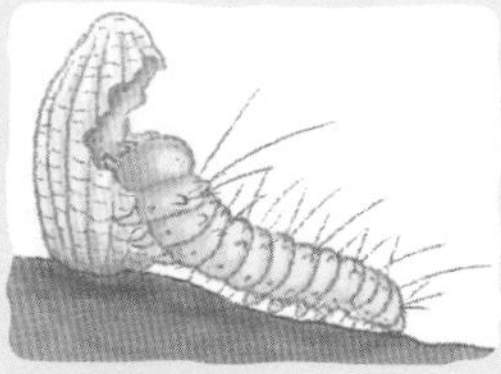

(1) もんしろちょうのよう虫は、どのようにしてたまごの外に出るのですか。

□□□の□のほうをくいやぶって外に出る。

(2) たまごから出たよう虫は、何を食べますか。

たまごの□を食べたあと、やわらかい□を食べる。

☆ 2 次《つぎ》の文章《ぶんしょう》を読んで、問題《もんだい》に答えましょう。（一つ15点）

ちょうの目は、小さな目がたくさんあつまっていて、広いけしきが見られるようになっています。また、はねには「りんぷん」といわれるうろこのようなものがついていて水をはじくので、ちょうは雨にぬれないのです。

(1) 小さな目がたくさんあつまって目ができていることで、ちょうはどんなことができますか。

□を見ること。

(2) ちょうが雨にぬれないのは、どうしてですか。

ちょうの□に、「□□□□」がついていて、□をはじくから。

おもしろことばメモ　あせってゆとりのない様子《ようす》を「いらいら」という。「いら」とは昔《むかし》のことばで「とげ」のことで，とげがたくさん出ている様子《ようす》からきているよ。

作文(1)

学習日　月　日　とく点　点

1 絵に合うように、「どこで」にあたることばを◯でかこみましょう。（一つ5点）

(1) ぼくは、友だちと［プール／公園］で泳《およ》いだ。

(2) 弟は、［林／店］でジュースを買った。

2 絵に合うように、「いつ」にあたることばを◯でかこみましょう。（一つ5点）

(1) わたしは、［朝／夜］、母に起《お》こされた。

(2) ［昼ごろ／夕方］、帰りのチャイムが鳴った。

3 次の（　）に合うことばを［　］からえらんで書きましょう。（一つ10点）

(1) わたしは、（□□□）起《お》きた。そして、（　　　）行くしたくをした。

［朝早く・海に］

(2) （　　　）、チャイムが鳴った。それで、ぼくは、（　　　）帰った。

［家に・夕方］

4 次の（　）に合うことばを考えて書きましょう。（一つ20点）

◆ ぼくは、（▼いつ　　　）、（▼どこで　　　）自転車《じてんしゃ》に乗《の》った。

わくわく情報《じょうほう》　マグロやカツオのせ中が青いのは，鳥が空から見たときに海の色にまぎれてわかりにくくするためだよ。

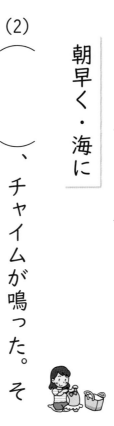

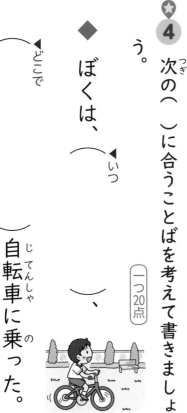

作文(2)

学習日　月　日　とく点　点

1 絵を見て、（　）に合うほうのことばを［　］からえらんで書きましょう。（一つ10点）

(1) 姉は、金魚を（　　　）すくった。

［そっと・ほっと］

(2) 兄は、（　　　）荷物《にもつ》をつめた。

［のんびりと・いそいで］

(3) 妹たちは、（　　　）遊《あそ》んでいる。

［悲《かな》しそうに・楽しそうに］

2 次《つぎ》の（　）に合うことばを、［　］からえらんで書きましょう。（一つ10点）

(1) 犬が（▼どのように　　）ほえた。わたしは、（▼どのように　　）まどの外を見た。

［そっと・ゴロゴロ・ワンワン］

(2) 雨が（▼どのように　　）ふってきた。キャンプが中止になって、ぼくは、（▼どのように　　）してしまった。

［きらきら・ザーザー・がっかり］

3 次《つぎ》の（　）に合うことばを考えて書きましょう。（一つ15点）

(1) 弟は、（▼どのように　　）泳《およ》いだ。

(2) わたしは、（▼どのように　　）風船をふくらませた。

おもしろことばメモ　雅楽《ががく》（日本古来の音楽）でたいこを打《う》って音を合わせる練習《れんしゅう》を「打《う》ち合《あ》わせ」といったことから，前もって相談《そうだん》することを「打《う》ち合《あ》わせ」というようになったよ。

1学期《がっき》のまとめ(1)

学習日　月　日　　とく点　点

1 次《つぎ》の文章《ぶんしょう》を読んで、問題《もんだい》に答えましょう。

わかば①のきせつでした。ゆうすげ旅館《りょかん》では、山に林道を通す工事《こうじ》の人たちがとまりに来て、ひさしぶりに、六人ものたいざいのお客《きゃく》さんがありました。つぼみさんは、朝早くから夜おそくまで大いそがしで、息《いき》をつくひまもありませんでした。

わかいころなら、お客《きゃく》さんの六人ぐらい、何日とまっても平気《へいき》でした。でも、年のせいでしょうか。一週間もすると、ふとんを上げたり、おぜんを②もって階《かい》だんを上ったりするのが、つらくなってきたのです。

（令和2年度版　東京書籍　新しい国語三下　112〜113ページより
『ゆうすげ村の小さな旅館《りょかん》―ウサギのダイコン』茂市《もいち》　久美子《くみこ》）

(1) ①・②の――線《せん》のことばを漢字《かんじ》で書きましょう。（一つ10点）

① わかば　［わか　　］

② もって　［　　って］

(2) いつのことですか。（一つ10点）

［　　］の［　　］のこと。

(3) お客《きゃく》さんは、どんな人たちでしたか。（一つ10点）

［□人の、□に□を通す工事《こうじ》の人たち。］

(4) つぼみさんは、どんな様子《ようす》でしたか。（一つ15点）

［一日中□で、息《いき》をつく□もない様子《ようす》。］

わくわく情報《じょうほう》　イヌがかい主《ぬし》のいうことをきくのは，かい主《ぬし》をむれのボスだと思っているから。野生時代《じだい》のせいしつがのこっているんだよ。

1学期《がっき》のまとめ(2)

学習日　月　日　　とく点　点

1 次《つぎ》の文章《ぶんしょう》を読んで、問題《もんだい》に答えましょう。

春になると、小川や池の①すいめん近くに、めだかがすがたをあらわします。めだかは、大変《たいへん》小さな魚です。体長は、大人になっても三、四センチメートルにしかなりません。

めだかは、のんびり楽しそうに②およいでいるようですが、いつも、たくさんのてきにねらわれています。「たがめ」や「げんごろう」、「やご」や「みずかまきり」などの、水の中にいるこん虫は、とくにこわいてきです。大きな魚や「ざりがに」にもおそわれます。

（令和2年度版　教育出版　ひろがる言葉　小学国語三上　52〜54ページより『めだか』杉浦《すぎうら》　宏《ひろし》）

(1) ①・②の——《せん》のことばを漢字《かんじ》で書きましょう。（一つ10点）

① すいめん〔　　〕

② およいで〔　　〕いで

(2) めだかは、いつ、どこにすがたをあらわしますか。（一つ10点）

〔□□になると、□や□に、すがたをあらわす。〕

(3) めだかは、どのくらいの大きさですか。（20点）

〔大人でも□。〕

(4) めだかの、とくにこわいてきは、どんな生きものですか。（一つ15点）

〔□にいる□。〕

おもしろことばメモ　早口ことば。早口で，3回つづけて言えるかな。「赤まき紙青まき紙黄まき紙」

算数

22回 1学期《がっき》のまとめ(2)

学習日　月　日

とく点　点

1 つぎの計算をしましょう。 (1つ6点)

①
```
  254
+427
```

②
```
  231
+280
```

③
```
  356
+475
```

④
```
  723
+564
```

⑤
```
  2173
+3425
```

⑥
```
  2745
+4168
```

2 つぎの計算をしましょう。 (1つ6点)

①
```
  384
−142
```

②
```
  529
−163
```

③
```
  474
−258
```

④
```
  645
−386
```

⑤
```
  7564
−2152
```

⑥
```
  3281
−1245
```

3 425円のクッキーと135円のジュースを買います。あわせていくらですか。 (14点)

式《しき》

答え(　　　　)

4 けんたさんは，午前10時40分から午前11時10分まで本を読みました。けんたさんが本を読んだ時間は何分ですか。 (14点)

(　　　　)

びっくりランキング　日本一大きなクモは，オオジョロウグモのめすで，体長が5センチメートル，あしをのばすと15センチメートルにもなるよ。でも，おすの体長は1センチメートルしかないよ。

1学期《がっき》のまとめ(1)

学習日 月 日　とく点 点

1 つぎの計算をしましょう。 (1つ5点)

① 5×0＝　　④ 7×10＝

② 10×4＝　　⑤ 9×0＝

③ 0×8＝　　⑥ 10×6＝

2 つぎの計算をしましょう。 (1つ5点)

① 6÷3＝　　⑥ 72÷8＝

② 12÷4＝　　⑦ 53÷6＝

③ 27÷9＝　　⑧ 18÷2＝

④ 31÷5＝　　⑨ 0÷8＝

⑤ 42÷6＝　　⑩ 49÷7＝

3 えんぴつが48本あります。8人で同じ数ずつ分けると，1人《ひとり》分は何本になりますか。 (10点)

式《しき》 ＿＿＿＿＿＿＿＿＿＿

答え(　　　　　)

4 つぎの□にあてはまる数を書きましょう。 (1つ5点)

① 1km20m＝□m　　② 100000m＝□km

わくわく情報《じょうほう》　ヒトデは，うでを切ってもまた生えてくるよ。うでが1本になっても，元にもどることもあるよ。

表《ひょう》とグラフ

学習日　月　日　とく点　点

1 下の表《ひょう》は，まりえさんの家からの道のりを表《あらわ》したものです。この表《ひょう》を，道のりが遠いじゅんに右のグラフに表《あらわ》します。□に場所《ばしょ》を書いて，ぼうグラフに表《あらわ》しましょう。 （1つ5点）

場所《ばしょ》	道のり(m)
図書館《かん》	400
駅《えき》	800
ほ育園《いくえん》	500
スーパー	700
市《し》みんプール	300
運動《うんどう》公園	200

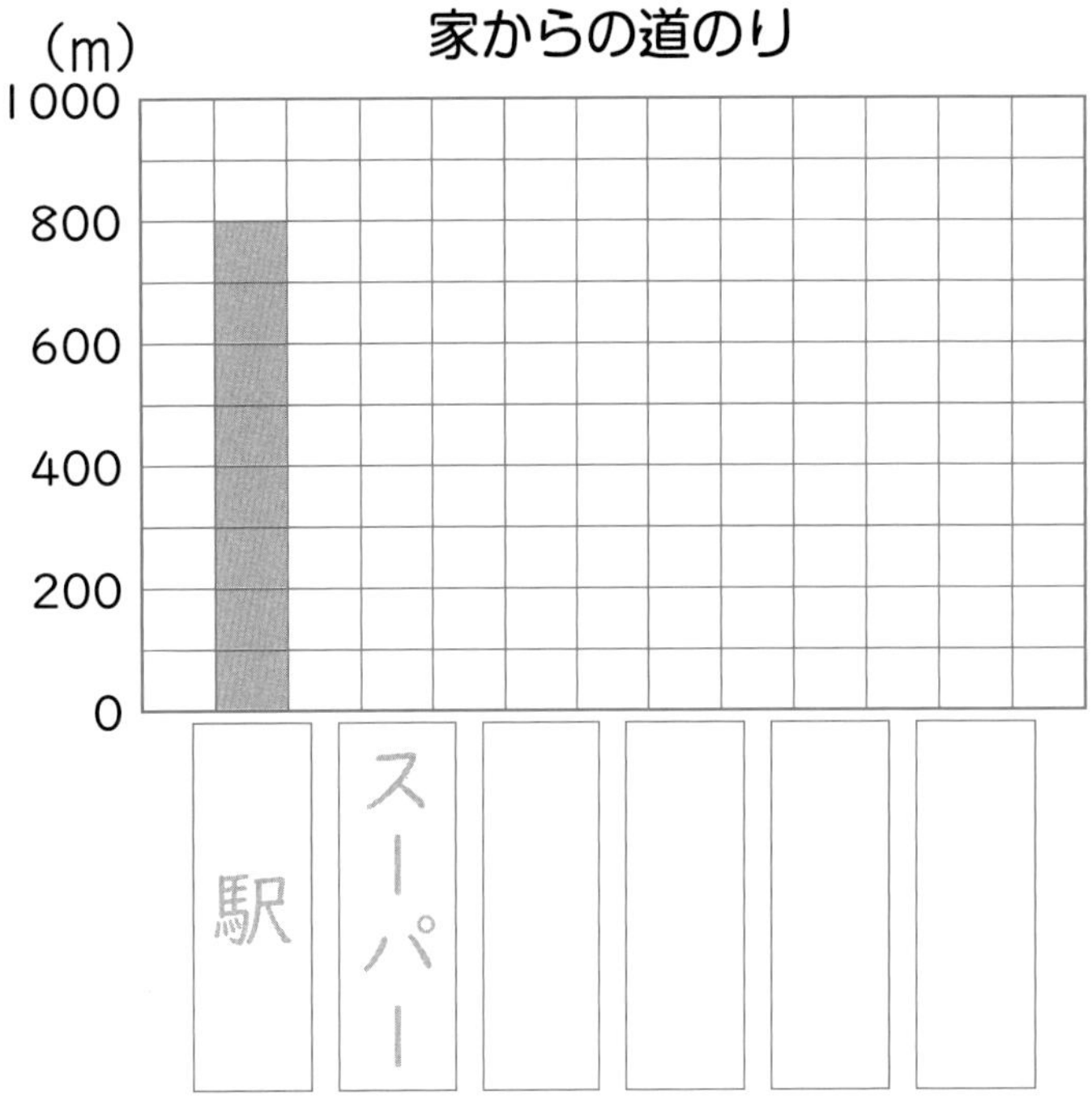

2 1組，2組，3組で，すきな楽きを1人《ひとり》につき1つ答えてもらうように調《しら》べて表《ひょう》にまとめました。

すきな楽き調《しら》べ(人) （1つ10点）

組 ＼ 楽きの名前	1組	2組	3組	合計
カスタネット	6	4	9	19
ピアノ	7	8	4	19
タンバリン	3	6	8	17
リコーダー	9	7	5	21
その他《た》	4	5	5	14
合計	29	30	31	(あ)

① 2組で，ピアノがすきな人は何人ですか。

(　　　　)

② タンバリンがすきな人は，ぜんぶで何人ですか。

(　　　　)

③ 1組は，ぜんぶで何人ですか。

(　　　　)

④ 表《ひょう》の(あ)にあてはまる数をもとめましょう。

(　　　　)

びっくりランキング
日本ではじめて走った地下鉄《ちかてつ》は，現在《げんざい》の東京《とうきょう》メトロの銀座線《ぎんざせん》。1927年（昭和《しょうわ》2年）12月30日に，浅草《あさくさ》～上野《うえの》間の2.2キロメートルを走ったよ。

長さ

学習日 月 日 とく点 点

1 下のまきじゃくの図で，㋐～㋒の目もりが表《あらわ》す長さを書きましょう。 (1つ4点)

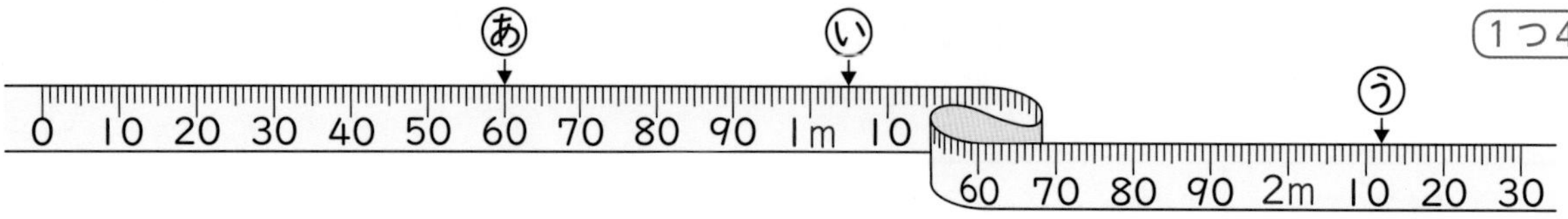

㋐(　　　) ㋑(　　　) ㋒(　　　)

2 つぎの□にあてはまる数を書きましょう。 (1つ4点)

① 1km＝[1000]m　② 2km15m＝□m

③ 3000m＝□km　④ 4200m＝□km□m

3 つぎの(　)にあてはまる長さのたんいを書きましょう。 (1つ8点)

① はがきのたての長さ…15(　　)　② 1時間に歩ける道のり…4(　　)

③ キリンのせの高さ…… 5(　　)　④ 国語のノートのあつさ…4(　　)

4 右の図を見て，つぎの問題《もんだい》に答えましょう。

① かいとさんの家から公園までのきょりは何mですか。 (8点)

(　　　)

② かいとさんの家から公園までの道のりは何mですか。また，何km何mですか。 (16点)

式《しき》 ____________________

答え(　　m，　　km　　m)

③ かいとさんの家から公園までの道のりときょりのちがいは何mですか。 (16点)

式《しき》 ____________________

答え(　　　)

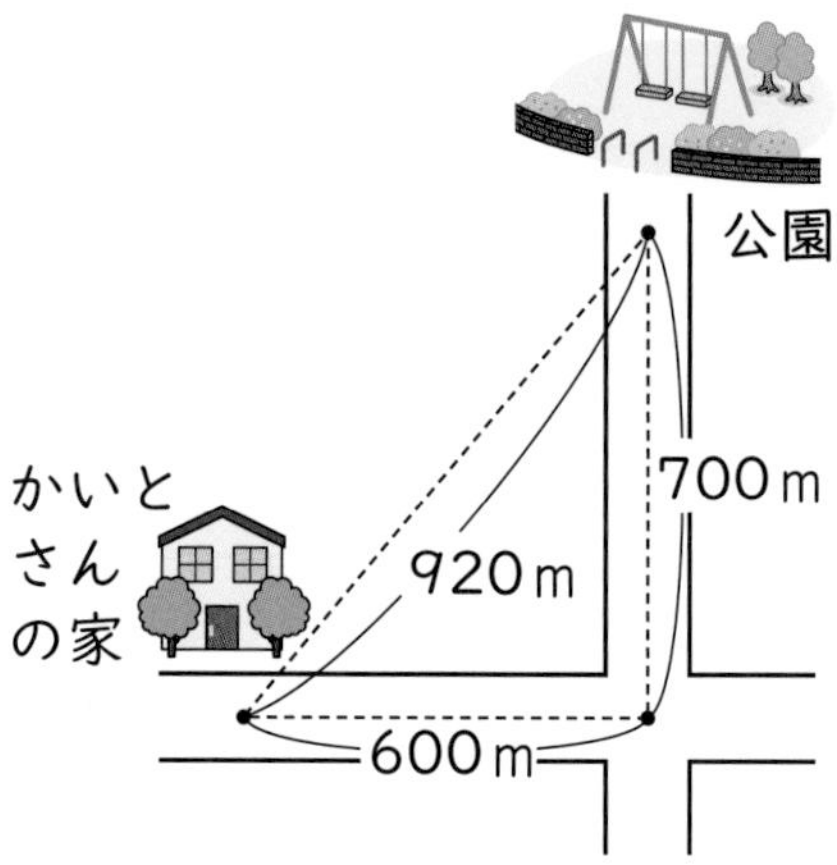

わくわく情報《じょうほう》　ホタルが光る理由《りゆう》の1つは，おすとめすが出会うためだよ。夜に活動《かつどう》することが多いからだね。

時こくと時間

学習日　月　日　とく点　点

1 つぎの□にあてはまる数を書きましょう。 (1つ8点)

① ストップウォッチの長いはりが1まわりすると□分です。

② 1分＝□秒《びょう》です。

③ 2分＝□秒《びょう》です。

2 なつみさんは，午前9時40分に家を出て，午前10時30分にゆう園地につきました。家からゆう園地までかかった時間は何分ですか。 (19点)

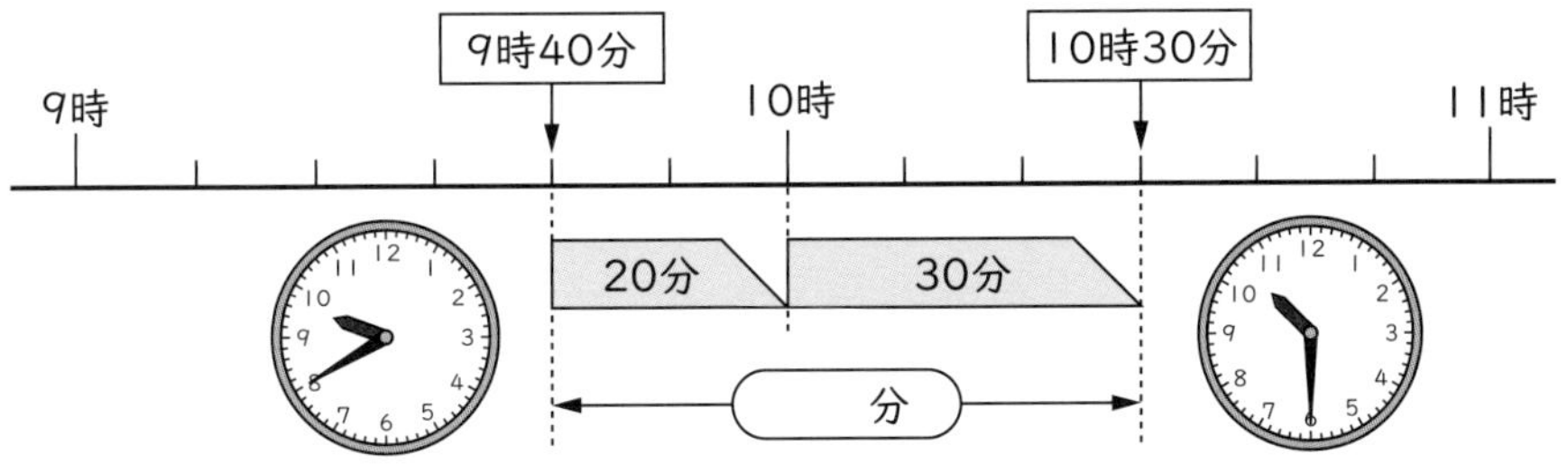

（　　　）

3 そうたさんは，午前7時50分から午前8時20分まで犬のさんぽをしました。さんぽをした時間は何分ですか。 (19点)

（　　　）

4 あいさんの家から公園までは，歩いて40分かかります。午後2時30分に家を出ると，公園につく時こくは何時何分ですか。 (19点)

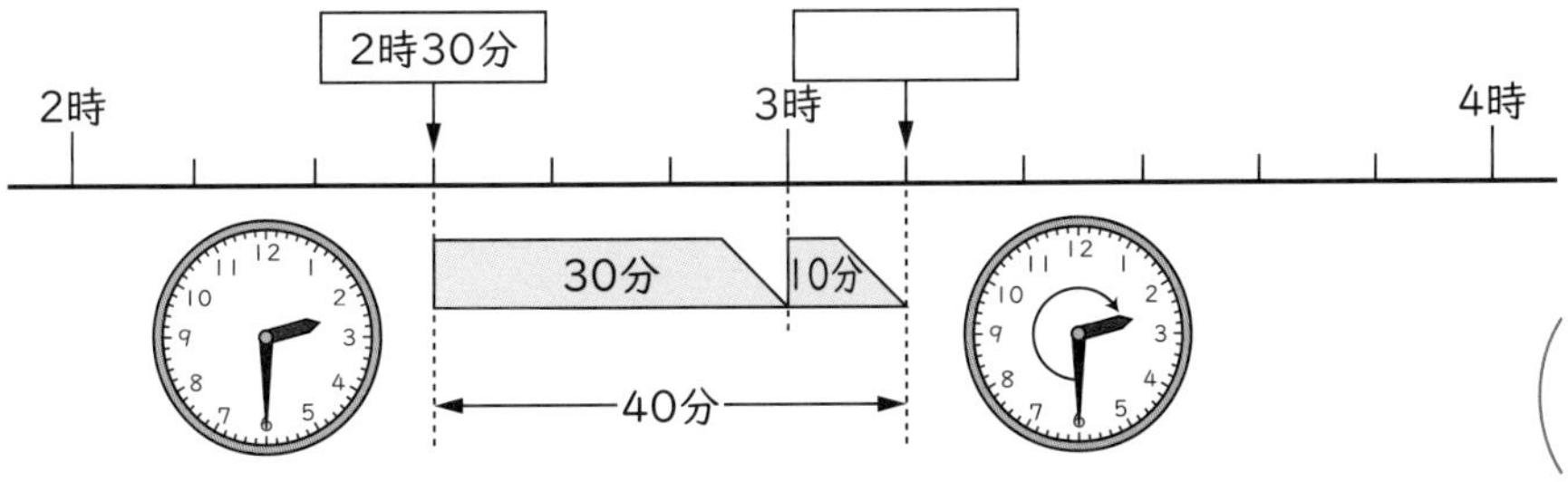

（　　　）

☆ **5** 家から図書かんまで20分かかります。午前11時10分に図書かんにつくには，家を何時何分に出ればよいですか。 (19点)

（　　　）

びっくりランキング　世界《せかい》で一番大きな島は北大西洋《きたたいせいよう》にあるグリーンランド。日本のおよそ6倍《ばい》もの広さがあるよ。

算数 17回

ひき算(4)

学習日	とく点
月　日	点

1 つぎの計算をしましょう。 (1つ4点)

① $4000 - 2000$

② $4500 - 2100$

③ $4590 - 2130$

④ $2750 - 1100$

⑤ $2754 - 1130$

⑥ $2754 - 1131$

⑦ $3645 - 2315$

⑧ $3645 - 2317$

⑨ $3649 - 2371$

⑩ $5156 - 3419$

⑪ $5421 - 4137$

⑫ $5302 - 4158$

2 385ページのものがたりの本を162ページまで読みました。あと何ページのこっていますか。 (16点)

式《しき》 ＿＿＿＿＿＿＿＿

答え (　　　　)

3 りかさんは500円もっています。245円のクッキーを買うと，のこりは何円になりますか。 (16点)

式《しき》 ＿＿＿＿＿＿＿＿

答え (　　　　)

★ **4** ゆう園地におきゃくさんが2685人いました。そのうち1293人帰りました。おきゃくさんは何人のこっていますか。 (20点)

式《しき》 ＿＿＿＿＿＿＿＿

答え (　　　　)

わくわく情《じょう》報《ほう》　海の水が，みちたりひいたりする「しおのみちひき」は，1日にみちしおが2回，ひきしおが2回ずつあるよ。

算数

16回

ひき算(3)

学習日		とく点
月	日	点

1 つぎの計算をしましょう。 (1つ3点)

① 100 − 4

② 200 − 6

③ 200 − 16

④ 110 − 2

⑤ 310 − 7

⑥ 310 − 17

⑦ 102 − 6

⑧ 202 − 8

⑨ 302 − 28

⑩ 620 − 135

⑪ 620 − 246

⑫ 704 − 527

2 つぎの計算をしましょう。 (1つ4点)

① 1284 − 2

② 1284 − 3

③ 1584 − 5

④ 1584 − 7

⑤ 1745 − 12

⑥ 1745 − 23

⑦ 1745 − 16

⑧ 1745 − 61

⑨ 1963 − 442

⑩ 1963 − 447

⑪ 1963 − 471

⑫ 1963 − 417

⑬ 1545 − 273

⑭ 1545 − 676

⑮ 1545 − 768

⑯ 1545 − 568

びっくりランキング

日本で一番多い血《けつ》えき型《がた》はA《エー》型《がた》，つぎにO《オー》型《がた》，B《ビー》型《がた》，AB《エービー》型《がた》のじゅんだよ。

ひき算(2)

学習日　月　日　とく点　点

1 つぎの計算をしましょう。（1つ3点）

① $700-300$	④ $357-125$	⑦ $534-216$	⑩ $418-152$
② $750-320$	⑤ $357-147$	⑧ $534-219$	⑪ $418-263$
③ $753-420$	⑥ $357-310$	⑨ $534-327$	⑫ $418-270$

2 つぎの計算をしましょう。（1つ4点）

① $146-28$	⑤ $234-70$	⑨ $352-125$	⑬ $673-192$
② $146-58$	⑥ $234-75$	⑩ $352-185$	⑭ $673-298$
③ $146-78$	⑦ $234-37$	⑪ $352-163$	⑮ $673-476$
④ $146-89$	⑧ $234-56$	⑫ $352-174$	⑯ $673-576$

わくわく情《じょう》報《ほう》

地《ち》球《きゅう》は１年をかけて，太《たい》陽《よう》のまわりを１しゅうしているよ。

算数 14回

ひき算(1)

学習日　　月　　日

とく点　　点

1 つぎの計算をしましょう。（1つ3点）

① 15 − 3

② 27 − 6

③ 30 − 8

④ 36 − 13

⑤ 47 − 23

⑥ 50 − 13

⑦ 45 − 19

⑧ 55 − 25

⑨ 75 − 36

⑩ 72 − 24

⑪ 60 − 54

⑫ 53 − 48

2 つぎの計算をしましょう。（1つ4点）

① 140 − 50

② 140 − 15

③ 140 − 29

④ 140 − 39

⑤ 128 − 40

⑥ 128 − 54

⑦ 128 − 65

⑧ 128 − 78

⑨ 257 − 48

⑩ 257 − 65

⑪ 257 − 82

⑫ 257 − 92

⑬ 344 − 21

⑭ 344 − 52

⑮ 344 − 62

⑯ 344 − 37

びっくりランキング

心ぞうがドキドキする「心ぱく数」を調《しら》べると，1分間に人間はおよそ70回，ネコはおよそ120回，ハツカネズミはおよそ500回，カナリアはおよそ1000回だよ。

たし算(4)

学習日　月　日　とく点　点

1 つぎの計算をしましょう。 (1つ4点)

① 1000 + 500

② 1020 + 600

③ 1320 + 658

④ 1235 + 216

⑤ 2485 + 241

⑥ 3427 + 839

⑦ 1000 + 2000

⑧ 1100 + 2100

⑨ 1370 + 2200

⑩ 2213 + 2470

⑪ 3158 + 1429

⑫ 2361 + 1457

2 赤い花が 245 本，白い花が 232 本さいています。あわせて何本さいていますか。 (16点)

式《しき》

答え（　　　）

3 235 円と 285 円のケーキを 1 こずつ買います。あわせていくらですか。 (16点)

式《しき》

答え（　　　）

☆ **4** マラソン大会に，大人《おとな》が 2543 人，子どもが 1438 人さんかしました。みんなで何人ですか。 (20点)

式《しき》

答え（　　　）

わくわく情報《じょうほう》　月はおよそ1か月をかけて，地球《ちきゅう》のまわりを1しゅうしているよ。

算数 12回 たし算(3)

学習日　月　日　とく点　点

1 つぎの計算をしましょう。（1つ3点）

① 258 + 24

② 258 + 44 = 3□□

③ 258 + 54

④ 335 + 17

⑤ 335 + 87

⑥ 247 + 78

⑦ 418 + 164

⑧ 418 + 194

⑨ 147 + 275

⑩ 384 + 139

⑪ 206 + 395

⑫ 463 + 189

2 つぎの計算をしましょう。（1つ4点）

① 154 + 818

② 352 + 299

③ 812 + 375 = □□□□

④ 437 + 726

⑤ 231 + 149

⑥ 329 + 526

⑦ 844 + 428

⑧ 359 + 825

⑨ 354 + 298

⑩ 586 + 548

⑪ 138 + 962

⑫ 329 + 477

⑬ 126 + 492

⑭ 246 + 897

⑮ 325 + 548

⑯ 784 + 526

びっくりランキング

世界一《せかいいち》広いさばくは，アフリカのサハラさばく。日本のおよそ24倍《ばい》もの広さがあるよ。

算数 11回

たし算(2)

学習日　月　日　とく点　点

1 つぎの計算をしましょう。

(1つ3点)

① 247＋100

② 346＋230

③ 346＋213

④ 235＋124

⑤ 245＋127

⑥ 328＋144

⑦ 462＋118

⑧ 404＋219

⑨ 283＋408

⑩ 315＋128

⑪ 209＋401

⑫ 279＋216

2 つぎの計算をしましょう。

(1つ4点)

① 325＋140

② 325＋157

③ 457＋128

④ 276＋109

⑤ 270＋180

⑥ 260＋385

⑦ 164＋494

⑧ 138＋280

⑨ 232＋496

⑩ 171＋453

⑪ 174＋432

⑫ 128＋302

⑬ 329＋464

⑭ 392＋185

⑮ 142＋63

⑯ 366＋82

びっくりランキング

魚のおよぐスピードをくらべると，とてもはやいのはマグロやカジキ。カジキは1秒間《びょうかん》におよそ30メートルのはやさでおよげるといわれているよ。

10回 たし算(1)

学習日	とく点
月　日	点

1 つぎの計算をしましょう。　（1つ3点）

① $26 + 17$

② $35 + 8$

③ $49 + 23$

④ $64 + 35$

⑤ $58 + 2$

⑥ $40 + 37$

⑦ $27 + 65$

⑧ $52 + 63$

⑨ $74 + 32$

⑩ $85 + 45$

⑪ $47 + 79$

⑫ $37 + 66$

☆**2** つぎの計算をしましょう。　（1つ4点）

① $100 + 70$

② $105 + 80$

③ $140 + 34$

④ $146 + 32$

⑤ $126 + 34$

⑥ $130 + 4$

⑦ $115 + 7$

⑧ $116 + 28$

⑨ $100 + 100$

⑩ $300 + 200$

⑪ $400 + 300$

⑫ $500 + 400$

⑬ $130 + 110$

⑭ $210 + 320$

⑮ $330 + 130$

⑯ $350 + 440$

わくわく情《じょう》報《ほう》　ラクダはせなかのこぶのおかげで，少しの水とたべものだけで，重《おも》いにもつをせおいながらでも，1日に40キロメートルのきょりを3日つづけて歩くことができるよ。

算数 9回

あまりのある わり算(2)

学習日 月 日 とく点 点

1 つぎのわり算をしましょう。 (1つ2点)

① 8÷4＝□

② 9÷4＝□ あまり □

③ 10÷4＝

④ 11÷4＝

⑤ 12÷4＝

⑥ 13÷4＝

⑦ 10÷5＝□

⑧ 11÷5＝□ あまり □

⑨ 12÷5＝

⑩ 13÷5＝

⑪ 14÷5＝

⑫ 15÷5＝

2 つぎのわり算をしましょう。 (1つ4点)

① 12÷2＝

② 12÷3＝

③ 12÷4＝

④ 12÷5＝

⑤ 12÷6＝

⑥ 13÷2＝

⑦ 13÷3＝

⑧ 13÷4＝

⑨ 13÷5＝

⑩ 13÷6＝

⑪ 14÷7＝

⑫ 14÷8＝

⑬ 15÷9＝

⑭ 15÷7＝

⑮ 16÷8＝

⑯ 16÷9＝

⑰ 17÷7＝

⑱ 17÷8＝

⑲ 18÷9＝

びっくりランキング　トビウオは大きなむなびれを広げて，グライダーのように海の上をとぶよ。400メートルもとぶこともあるんだ。

算数 8回

あまりのあるわり算(1)

学習日　月　日　とく点　点

1 つぎの□にあてはまる数を書きましょう。 （□1つ5点）

① 4このあめを2人《ふたり》で同じ数ずつ分けると，1人《ひとり》分は何こになりますか。

式《しき》 4÷2=□　　答え □こ

② 5このあめを2人《ふたり》で同じ数ずつ分けると，1人《ひとり》分は何こになって，何こあまりますか。

式《しき》 5÷2=□あまり□

答え □こ，あまり□こ

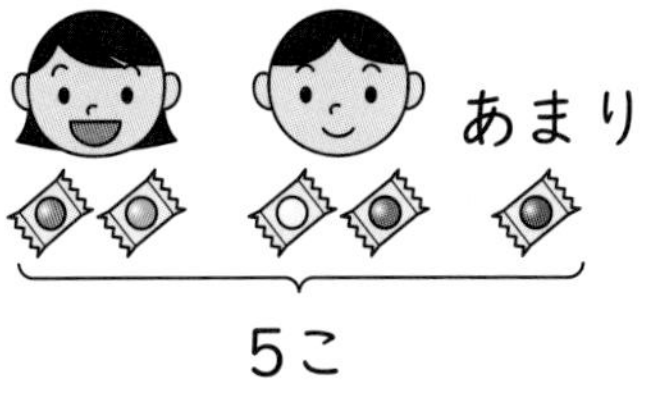

2 つぎの□にあてはまる数を書きましょう。 （□1つ5点）

① 6このりんごを3人で同じ数ずつ分けると，1人《ひとり》分は何こになりますか。

式《しき》 6÷3=□　　答え □こ

② 7このりんごを3人で同じ数ずつ分けると，1人《ひとり》分は何こになって，何こあまりますか。

式《しき》 7÷3=□あまり□　　答え □こ，あまり□こ

3 つぎのわり算をしましょう。 （1つ5点）

① 6÷2=□

② 7÷2=□あまり□

③ 8÷2=□

④ 9÷2=□あまり□

⑤ 6÷3=□

⑥ 7÷3=□あまり□

⑦ 8÷3=□あまり□

⑧ 9÷3=□

わくわく情報《じょうほう》　日本で日曜日が休日になったのは1876年（明治《めいじ》9年）。役所《やくしょ》の休日を日曜日にしたことから始《はじ》まったよ。

わり算(5)

学習日 月 日 とく点 点

1 15このりんごを，1人《ひとり》に3こずつ分けると，何人に分けられますか。□にあてはまる数を書きましょう。 (□1つ4点)

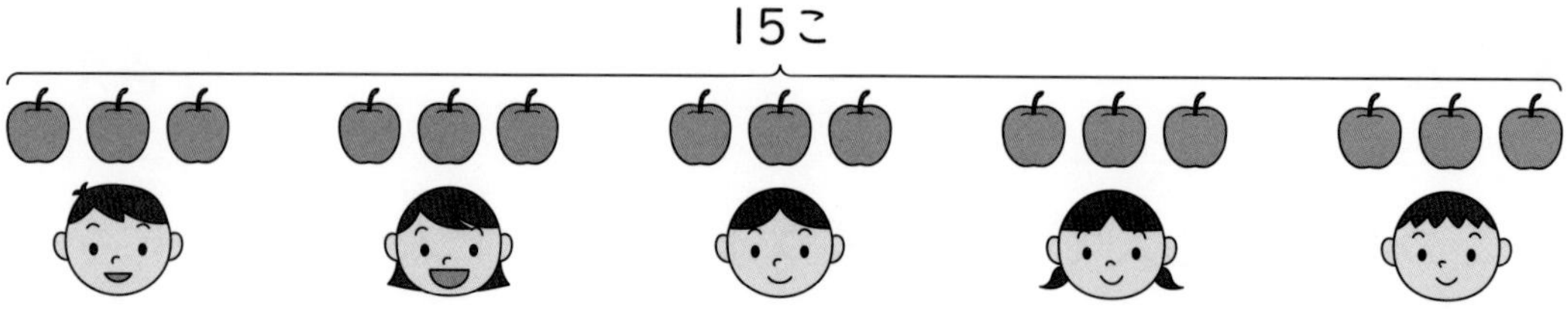

① りんごぜんぶの数 15 こを，1人《ひとり》分の数 □ こでわります。

② 式《しき》 15 ÷ □ ＝ □　③ 答え □ 人

2 24このあめを，1人《ひとり》に6こずつ分けると，何人に分けられますか。 (式14点・答え14点)

式《しき》 24 ÷ □ ＝ □

答え 人

3 48まいの色紙を，1人《ひとり》に8まいずつ分けると，何人に分けられますか。 (24点)

式《しき》

答え

★ **4** 36本の花を，4本ずつ1つの花びんに入れると，花びんはいくつあればよいですか。 (24点)

式《しき》

答え

びっくりランキング　りくの上ではのっそりしているアザラシだけど，水の中をもぐるのはとくい。ウェッデルアザラシは600メートルくらいのふかさまでもぐれて，1時間はもぐっていられるよ。

算数 6回

わり算(4)

学習日	とく点
月　日	点

1 12このあめを，3人で同じ数ずつ分けると，1人《ひとり》分は何こになりますか。□にあてはまる数を書きましょう。（□1つ4点）

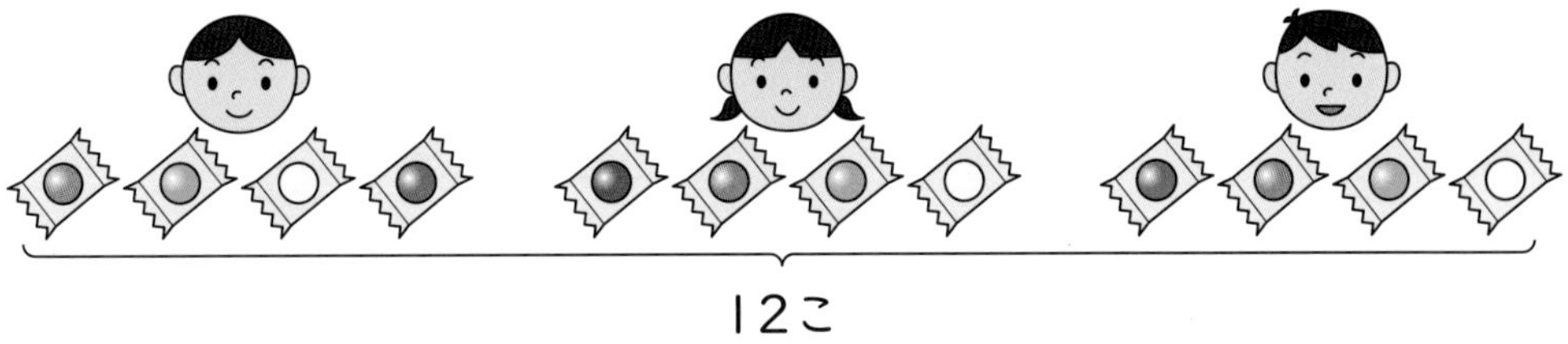

① あめぜんぶの数 [12] こを，人数の [　] 人でわります。

② 式《しき》　[12] ÷ [　] = [　]

③ 答え [　] こ

2 28このりんごを，4人で同じ数ずつ分けると，1人《ひとり》分は何こになりますか。（式14点・答え14点）

式《しき》　[28] ÷ [　] = [　]

答え　　　こ

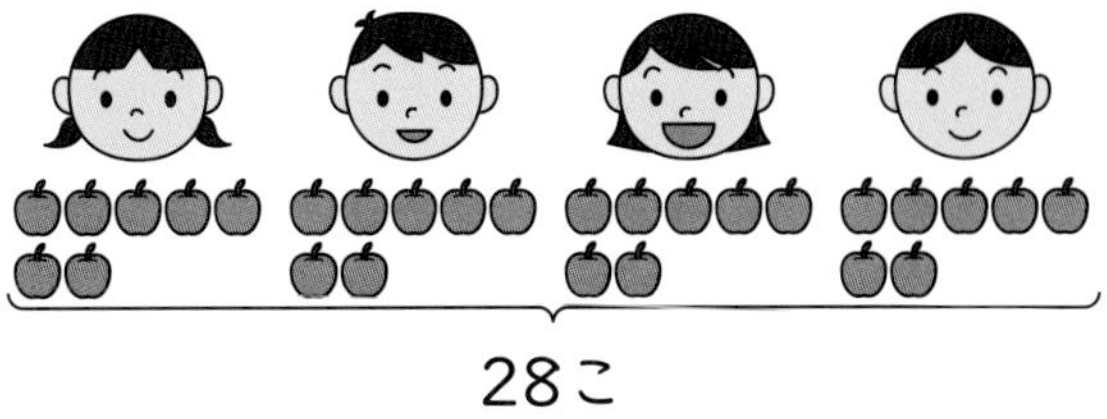

3 45本のえんぴつを，9人で同じ数ずつ分けると，1人《ひとり》分は何本になりますか。（24点）

式《しき》

答え

☆ **4** 56このみかんを，7つのふくろに同じ数ずつ入れると，1ふくろには何こ入りますか。（24点）

式《しき》

答え

わくわく情報《じょうほう》　インスタントラーメンが世界《せかい》ではじめて作られたのは日本。1958年(昭和《しょうわ》33年)のことだよ。

算数

5回 わり算(3)

学習日　月　日　とく点　点

1 つぎのわり算をしましょう。（1つ4点）

① 24÷8＝

② 40÷8＝

③ 16÷8＝

④ 56÷8＝

⑤ 18÷9＝

⑥ 27÷9＝

⑦ 54÷9＝

⑧ 63÷9＝

⑨ 81÷9＝

⑩ 4÷4＝

⑪ 4÷1＝

⑫ 8÷8＝

⑬ 8÷1＝

2 つぎのわり算をしましょう。（1つ3点）

① 45÷5＝

② 45÷9＝

③ 48÷6＝

④ 48÷8＝

⑤ 24÷4＝

⑥ 24÷8＝

⑦ 18÷2＝

⑧ 18÷3＝

⑨ 15÷3＝

⑩ 36÷6＝

⑪ 49÷7＝

⑫ 32÷4＝

⑬ 72÷9＝

⑭ 21÷3＝

⑮ 42÷7＝

⑯ 40÷5＝

びっくりランキング　イヌの耳は人間の4倍《ばい》よく聞こえて，鼻《はな》はなんと100万倍《ばい》～1おく倍《ばい》もよくきくといわれているよ。

算数 4回

わり算(2)

学習日 月 日　とく点 点

1 つぎのわり算をしましょう。　(1つ3点)

① 8÷2＝

② 12÷2＝

③ 16÷2＝

④ 6÷2＝

⑤ 2÷2＝

⑥ 0÷2＝

⑦ 6÷3＝

⑧ 15÷3＝

⑨ 24÷3＝

⑩ 3÷3＝

⑪ 0÷3＝

⑫ 8÷4＝

⑬ 24÷4＝

⑭ 28÷4＝

⑮ 36÷4＝

⑯ 20÷4＝

2 つぎのわり算をしましょう。　(1つ4点)

① 30÷5＝

② 20÷5＝

③ 15÷5＝

④ 45÷5＝

⑤ 5÷5＝

⑥ 24÷6＝

⑦ 12÷6＝

⑧ 6÷6＝

⑨ 0÷6＝

⑩ 42÷6＝

⑪ 21÷7＝

⑫ 63÷7＝

⑬ 49÷7＝

わくわく情《じょう》報《ほう》　カタツムリやナメクジは，りくにいるけど，まき貝《がい》のなかま。だから，かんそうした空気がにがてだよ。

算数 3回

わり算(1)

学習日　月　日　とく点　点

1 つぎの□にあてはまる数を書きましょう。　(1つ4点)

① 2×[3]＝6
② 2×□＝8
③ 2×□＝16
④ 3×□＝15
⑤ 3×□＝24
⑥ 3×□＝18
⑦ 4×□＝16
⑧ 4×□＝28
⑨ 5×□＝30
⑩ 5×□＝45
⑪ 6×□＝36
⑫ 6×□＝42
⑬ 7×□＝42
⑭ 7×□＝28
⑮ 8×□＝24
⑯ 9×□＝63

2 つぎの□にあてはまる数を書きましょう。　(□1つ2点)

① 2×[5]＝10　　10÷2＝□
② 2×□＝12　　12÷2＝□
③ 3×□＝18　　18÷3＝□
④ 4×□＝32　　32÷4＝□
⑤ 5×□＝35　　35÷5＝□
⑥ 6×□＝48　　48÷6＝□
⑦ 7×□＝21　　21÷7＝□
⑧ 8×□＝56　　56÷8＝□
⑨ 9×□＝54　　54÷9＝□

びっくりランキング
動物《どうぶつ》オリンピックがあったら，高とびのチャンピオンはイルカだ。イルカは８メートルもジャンプできるよ。

算数

2回 かけ算(2)

学習日　月　日　　とく点　点

1 つぎの計算をしましょう。　（1つ2点）

① 4×3=	⑥ 10×4=	⑪ 8×7=
② 4×0=	⑦ 9×4=	⑫ 6×10=
③ 5×9=	⑧ 3×8=	⑬ 5×0=
④ 5×10=	⑨ 0×8=	⑭ 10×9=
⑤ 9×0=	⑩ 7×10=	⑮ 0×6=

2 つぎの計算をしましょう。　（1つ3点）

① 3×8=	③ 4×7=	⑤ 6×9=
② 8×3=	④ 7×4=	⑥ 9×6=

3 つぎの□にあてはまる数を書きましょう。　（1つ4点）

① 4×5=4×□+4	③ 7×8=7×□−7
② 6×3=6×□+6	④ 9×2=9×□−9

4 つぎの計算をしましょう。　（1つ3点）

① 2×6=	③ 2×9=	⑤ 4×9=
② 3×4=	④ 6×3=	⑥ 6×6=

5 答えがつぎの数になる九九をぜんぶ答えましょう。　（1組できて3点）

① 15 → □×□，□×□

② 24 → □×□，□×□，□×□，□×□

わくわく情《じょう》報《ほう》　カブトムシは力もち。自分の体重《たいじゅう》の20倍《ばい》もの重《おも》さを引っぱることができるよ。

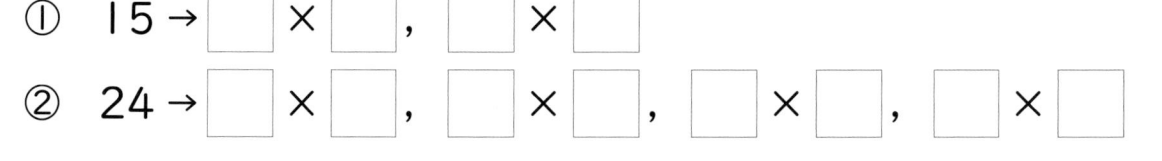

1回 かけ算(1)

学習日《がくしゅうび》		とく点
月	日	点

1 つぎのかけ算をしましょう。 (1つ2点)

① 3×4＝	⑥ 4×7＝	⑪ 7×3＝
② 6×2＝	⑦ 9×5＝	⑫ 6×8＝
③ 8×1＝	⑧ 3×8＝	⑬ 4×5＝
④ 2×9＝	⑨ 6×4＝	⑭ 8×7＝
⑤ 5×6＝	⑩ 2×5＝	⑮ 9×8＝

2 つぎのかけ算をしましょう。 (1つ2点)

① 2×4＝	⑥ 5×4＝	⑪ 3×0＝
② 2×3＝	⑦ 5×3＝	⑫ 0×3＝0
③ 2×2＝	⑧ 5×2＝	⑬ 7×0＝
④ 2×1＝	⑨ 5×1＝	⑭ 0×9＝
⑤ 2×0＝	⑩ 5×0＝	

3 つぎのかけ算をしましょう。 (1つ3点)

① 3×6＝	⑥ 6×6＝	⑪ 2×10＝
② 3×7＝	⑦ 6×7＝	⑫ 10×2＝
③ 3×8＝	⑧ 6×8＝	⑬ 8×10＝
④ 3×9＝	⑨ 6×9＝	⑭ 10×6＝
⑤ 3×10＝30	⑩ 6×10＝	

びっくりランキング　動物《どうぶつ》オリンピックがあったら，はばとびのチャンピオンはカンガルーだ。10メートルをこえるジャンプをするよ。

くもんの夏休みドリル 小学3年生

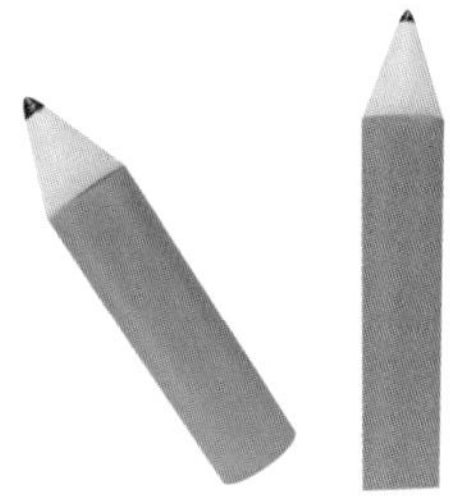

別《べっ》冊《さつ》目《もく》次《じ》

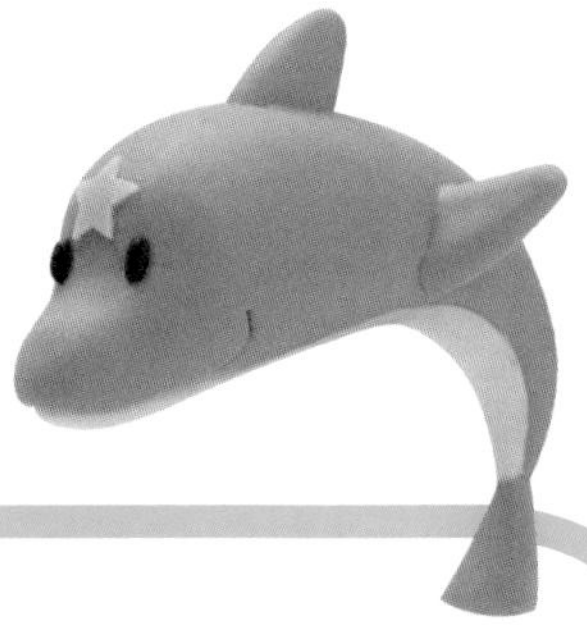

しあげテスト

答え

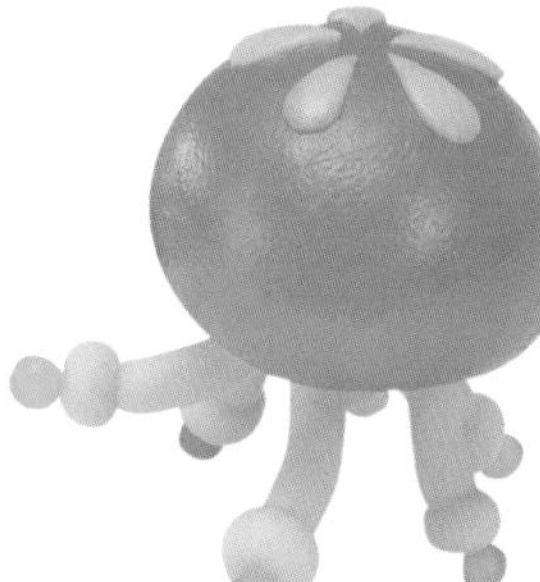

楽しいえいご

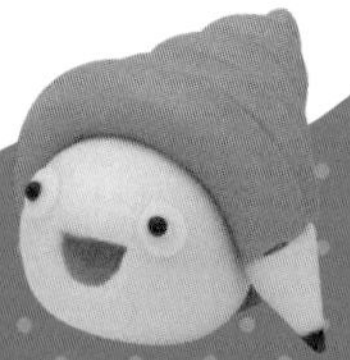

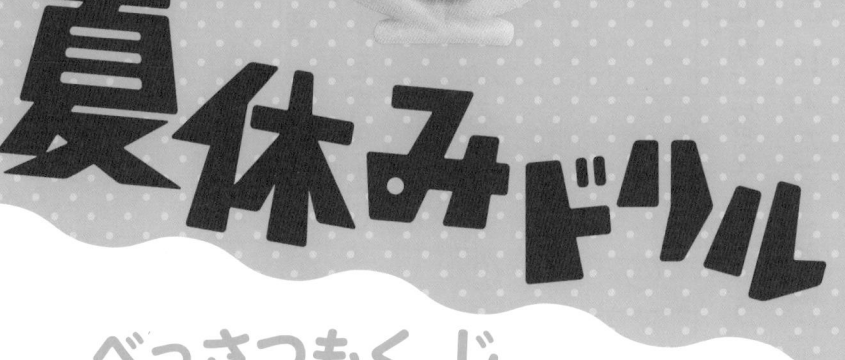

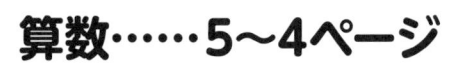

国語

しあげテスト

全部《ぜんぶ》できたら ◎ をかこう。まちがえた問題《もんだい》はやりなおして ◎ をめざそう！

1 漢字《かんじ》
2 文のきまり
3 作文
4 読みとり

合計　点

名前

学習日　月　日

1 次《つぎ》の問題《もんだい》に答えましょう。

(1) ——《せん》の漢字《かんじ》の読みがなを書きましょう。　一つ5点

① 拾う（　　　）
② 図書館（　　　）
③ 学習（　　　）
④ 様子（　　　）

(2) □に漢字《かんじ》を書きましょう。　一つ5点

① □《しら》べる
② □□《しょくぶつ》
③ お□《みや》
④ □□《ぶぶん》

2 次《つぎ》の問題《もんだい》に答えましょう。　一つ5点

(1) 「何が」にあたることばに——《せん》を引きましょう。

［犬が　しっぽを　ふる。］

(2) 「どうする」にあたることばに——《せん》を引きましょう。

［父が　会社に　行く。］

(3) 「どんなだ」にあたることばに——《せん》を引きましょう。

［ぼくは　身長《しんちょう》が　高い。］

3 次《つぎ》の（　）に合うことばを、□からえらんで書きましょう。　それぞれ、全部《ぜんぶ》で10点

(1) （　　　）は、晴れていた。それで、ぼくは（　　　）行った。

きのう・明日・プールに

(2) 星が（　　　）光っている。わたしは、（　　　）と見ていた。

うっとり・キラキラ・バタバタ

4 次《つぎ》の文章《ぶんしょう》を読んで、問題《もんだい》に答えましょう。

モチモチの木ってのはな、豆太《まめた》がつけた名前だ。小屋《こや》のすぐ前に立っている、でっかいでっかい木だ。

秋になると、茶色いぴかぴか光った実《み》を、いっぱいふり落《お》としてくれる。その実《み》を、じさまが、木うすでついて、石うすでひいてこなにする。こなにしたやつをもちにこね上げて、ふかして食べると、ほっぺたが落《お》っこちるほどうまいんだ。

「やい、木ぃ、モチモチの木ぃ、実《み》ぃ落《お》とせぇ。」

なんて、昼間は木の下に立って、かた足で足ぶみして、いばってさいそくしたりするくせに、夜になると、豆太《まめた》はもうだめなんだ。

（令和2年度版　光村図書　国語三下　124ページより『モチモチの木』斎藤《さいとう》　隆介《りゅうすけ》）

(1) モチモチの木は、どんな実《み》を落《お》としますか。 全部《ぜんぶ》で10点

［　　　　］、［　　　　］光った実《み》。

(2) モチモチの木の実《み》を、どうやって食べますか。 全部《ぜんぶ》で10点

じさまが、うすで［　　　　］にして、［　　　　］にこね上げて、［　　　　］食べる。

(3) 昼間の豆太《まめた》は、どんな様子《ようす》ですか。 5点

モチモチの木に対《たい》して、いばって

実《み》を［　　　　］している。

1	2 3	4 5	6	7	8	9	10	合計
かけ算	わり算	あまりのあるわり算	たし算	ひき算	時こくと時間	長さ	表とグラフ	
								点

全部《ぜんぶ》できたら をかこう。まちがえた問題《もんだい》はやりなおして をめざそう！

6 つぎの計算をしましょう。 (1つ4点)

① 72 ＋39

② 504 ＋236

③ 2735 ＋ 367

7 つぎの計算をしましょう。 (1つ4点)

① 54 －37

② 670 －549

③ 1695 － 778

8 ゆいさんは，午前 10 時 50 分に家を出て，15 分歩いてじ童《どう》プールにつきました。じ童《どう》プールについた時こくは何時何分ですか。 (6点)

(　　　　)

9 右の図で，れんさんの家から駅《えき》までのきょりは何 m ですか。また，何 km 何 m ですか。 (6点)

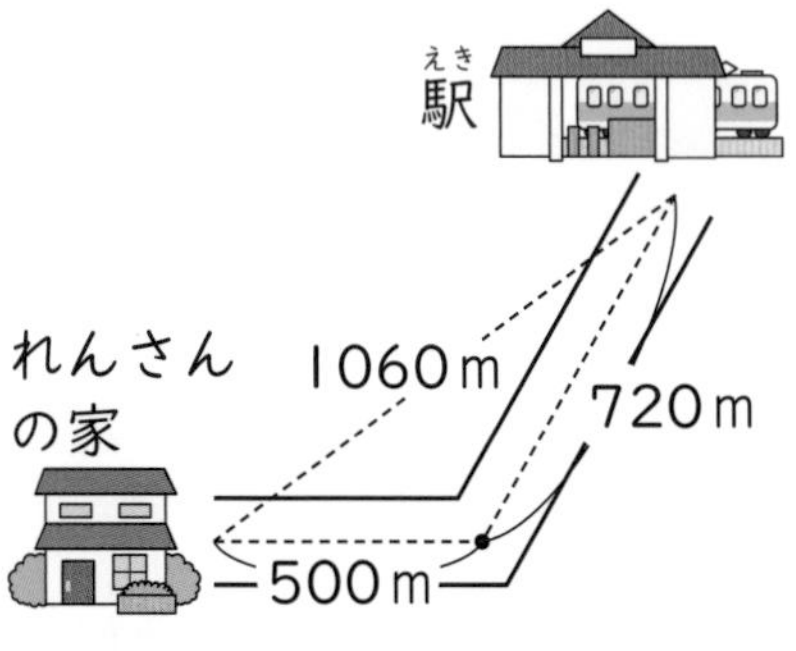

(　　m，　　km　　m)

10 右のグラフは，まおさんの組で，先週図書室で本をかりた人数を表《あらわ》したものです。 (1つ6点)

① グラフの 1 目もりは，何人を表《あらわ》していますか。 (　　)

② 火曜日に本をかりた人数は何人ですか。 (　　)

③ 先週本をかりた人は，全部《ぜんぶ》で何人ですか。 (　　)

先週図書室で本をかりた人数

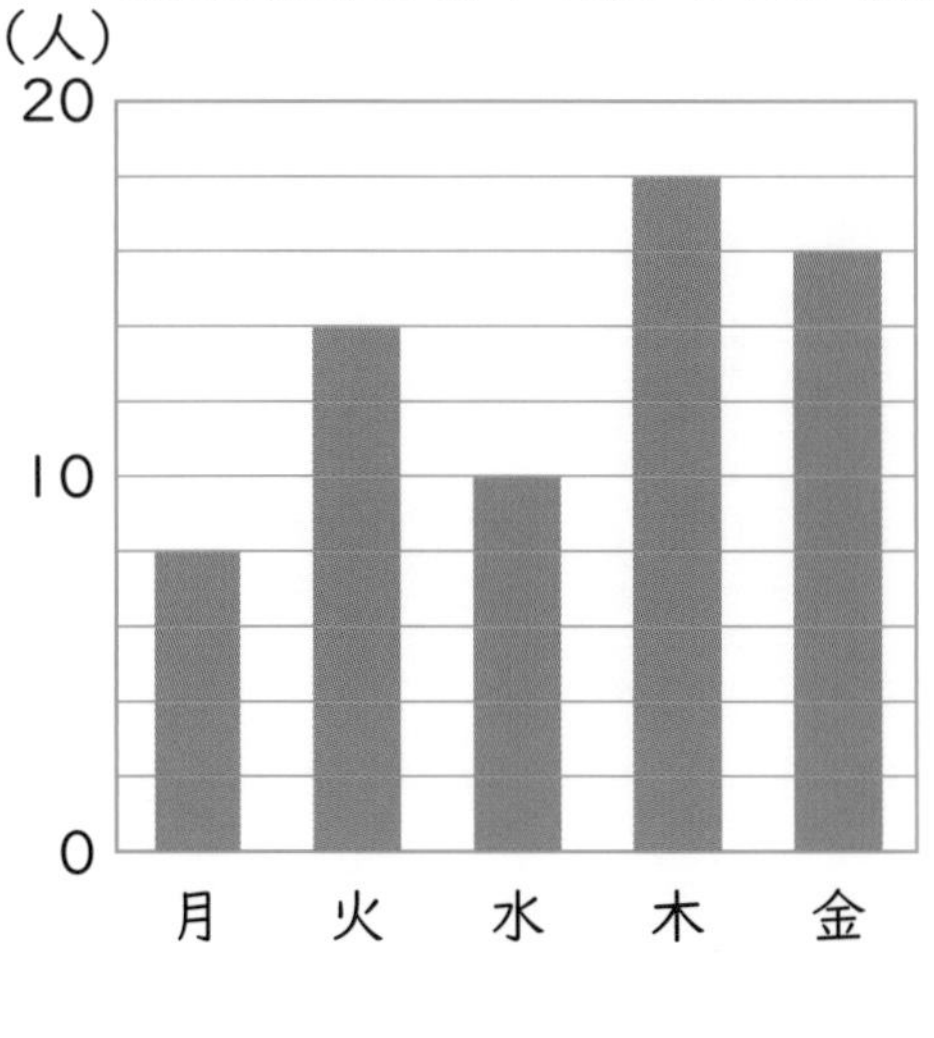

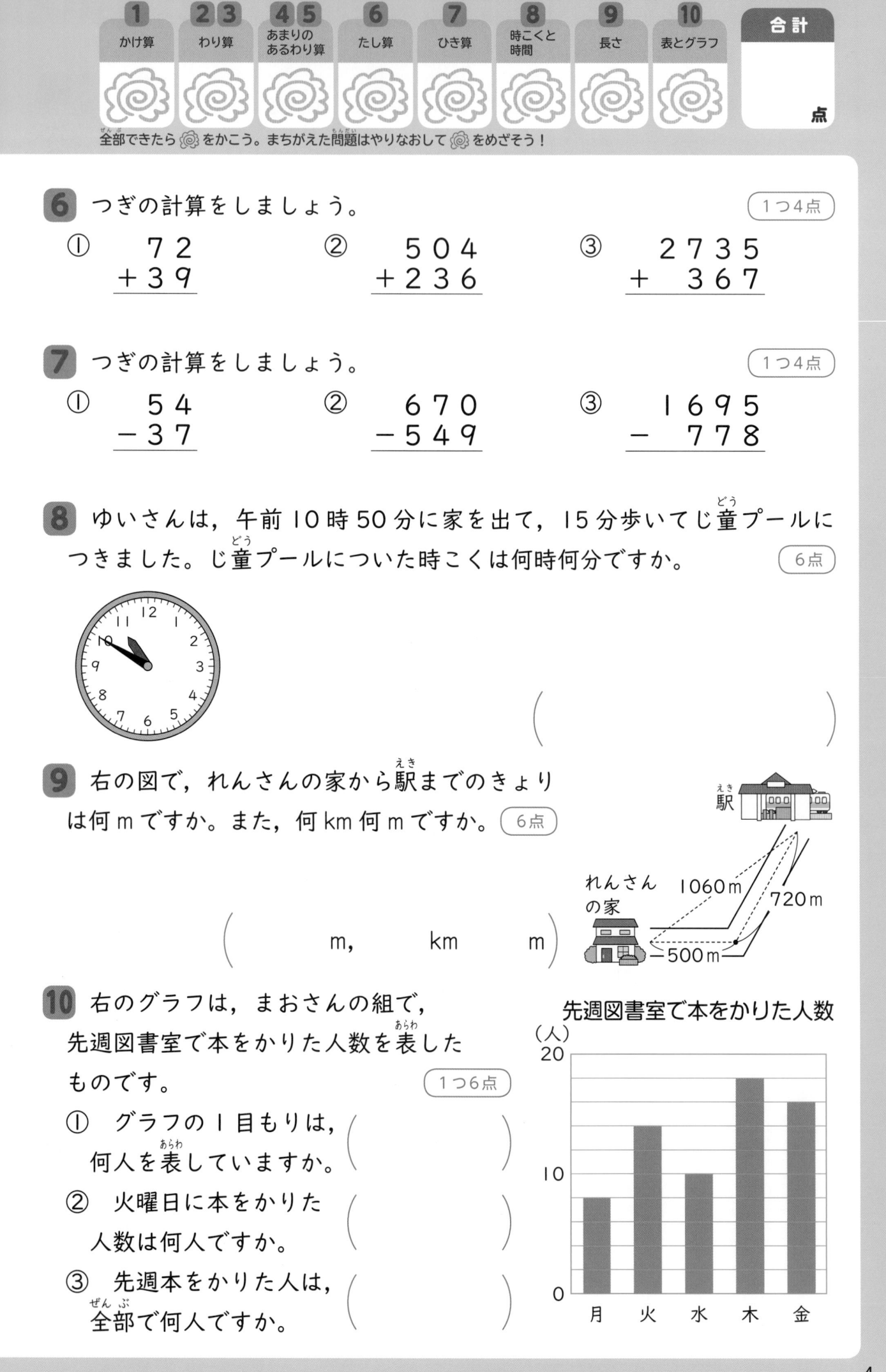

くもんの夏休みドリル

算数教科書対照表 小学3年生

※㊤は上巻，㊦は下巻のページです。

夏休みドリル			教科書のページ					
回	単元名	ページ	東京書籍 新編 新しい算数3	啓林館 わくわく算数3	学校図書 小学校算数3年	日本文教出版 小学算数3	大日本図書 新版 たのしい算数3年	教育出版 小学算数3
1	かけ算 (1)	48	㊤8～23	㊤10～17	㊤12～25	㊤11～22	16～30	㊤11～24
2	かけ算 (2)	47						
3	わり算 (1)	46	㊤30～42	㊤18～31	㊤36～53	㊤23～36	74～86	㊤56～69
4	わり算 (2)	45						
5	わり算 (3)	44						
6	わり算 (4)	43						
7	わり算 (5)	42						
8	あまりのあるわり算 (1)	41	㊤82～91	㊤102～113	㊤118～127	㊤83～95	88～99	㊤97～107
9	あまりのあるわり算 (2)	40						
10	たし算 (1)	39	㊤44～53	㊤36～48	㊤56～73	㊤47～62	32～43	㊤38～55
11	たし算 (2)	38						
12	たし算 (3)	37						
13	たし算 (4)	36						
14	ひき算 (1)	35						
15	ひき算 (2)	34						
16	ひき算 (3)	33						
17	ひき算 (4)	32						
18	時こくと時間	31	㊤24～29	㊤50～55	㊤26～35	㊤37～46	66～73	㊤26～37
19	長さ	30	㊤56～65	㊤96～101	㊤88～99	㊤115～124	169～175	㊤71～78
20	表とグラフ	29	㊤66～79	㊤72～87	㊤76～87	㊤63～82	46～63	㊤79～95
21	1学期のまとめ (1)	28						
22	1学期のまとめ (2)	27						

算数

しあげテスト

学習日　月　日　名前

1 つぎの計算をしましょう。　（1つ3点）

① 7×0＝　② 10×8＝

2 つぎの計算をしましょう。　（1つ3点）

① 12÷6＝　④ 0÷6＝

② 30÷5＝　⑤ 9÷1＝

③ 72÷8＝　⑥ 4÷4＝

3 42まいの色紙を，7まいずつたばにします。何たばできますか。　（式《しき》4点・答え4点）

式《しき》

答え（　　　）

4 つぎのわり算をしましょう。　（1つ3点）

① 7÷3＝　② 20÷6＝

5 52このあめを8人で同じ数ずつ分けると，1人《ひとり》分は何こになって，何こあまりますか。　（式《しき》4点・答え4点）

式《しき》

答え（　　　こ，あまり　　　こ）

くもんの 小学3年生

夏休みドリル

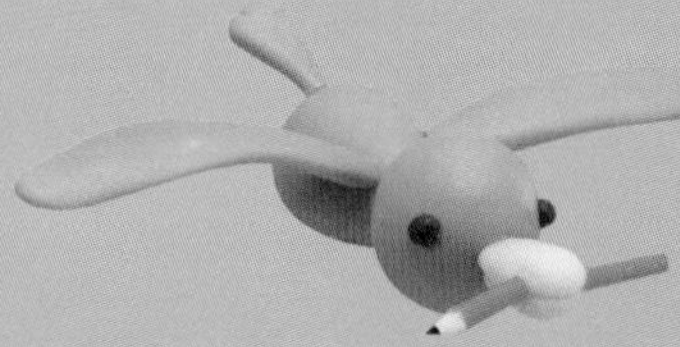

国語 答え

- なぞり書きや書き写《うつ》すところの答えは、はぶいているところもあります。
- 文や文章《ぶんしょう》を使《つか》った問題《もんだい》では、文章中《ぶんしょうちゅう》のことばを正かいとしています。にた言い方のことばで答えてもかまいません。
- 〈　〉は、ほかの答え方です。
- (　)は、答えにあってもよいものです。
- れい の答えでは、にた内ようが書けていれば正かいです。
- 漢字《かんじ》の書きの問題《もんだい》で、じゅく語のときは全部《ぜんぶ》書けて一つの正かいとし、とく点を計算しましょう。

1 なかまの漢字《かんじ》(1)　1ページ

1

(1) ①毛　②顔　③首　④頭

(2) ①父　②母　③兄　④姉　⑤弟　⑥妹

2

(1) ①首・毛　②頭　③顔

(2) ①父・母　②兄・弟　③姉・妹

答え合わせは、一つずつていねいに見ていこう。

まちがえたところは、書き直して100点にしよう。

おうちの方へ

1～3回の「なかまの漢字《かんじ》」では、二年生で習《なら》った漢字《かんじ》を取《と》り上げ、実際《じっさい》に使《つか》えるようにすることをねらいとしています。

2 なかまの漢字《かんじ》(2)　2ページ

1

(1) ①春　②夏　③秋　④冬

(2) ①北　②南　③東　④西

(3) ①青　②赤　③白　④茶　⑤黄　⑥黒

2

(1) ①冬・春　②夏・秋

(2) ①北・南　②東・西

(3) ①黄　②茶・黒

ポイント

なかまになる漢字《かんじ》は、いっしょにまとめておぼえるようにしよう。

3 なかまの漢字《かんじ》(3)　3ページ

1

①国語　②算数　③理科　④社会　⑤生活　⑥図工　⑦音楽　⑧体

2

①国語・外国　②算数・算　③理科　④社会　⑤生活　⑥図工・工作　⑦音楽・楽　⑧体

ポイント

学校の時間わりやノートなど教科を表《あらわ》すことばを漢字《かんじ》で書けるようにしよう。

4 送《おく》りがな(1)　4ページ

1

(1) あ
のぼ

(2) い
はい

(3) い
おこな

(4) おし
おそ

2

(1) 行く　(2) 行う　(3) 教える　(4) 教わる　(5) 入れる　(6) 上がる　(7) 教わる　(8) 行う

おうちの方へ

送《おく》りがなは、ことばや使《つか》い方《かた》によってちがいます。ですから、送《おく》りがなを見れば、漢字《かんじ》の読み方がわかることに注目《ちゅうもく》できるようにしましょう。

5 送《おく》りがな(2)　5ページ

1

(1) 細い・細かい
(2) 少ない・少し
(3) 明かり・明るい
(4) 開く・開ける

2

(1) 細い　(2) 明かり
(3) 少し・開ける

3

(1) 少し　(2) 明かり
(3) 細かい　(4) 少ない
(5) 明るい　(6) 開く
(7) 細かい　(8) 少ない
(9) 明るい

ポイント

「明かり」「明るい」などの送《おく》りがなはまちがえやすいので、漢字《かんじ》といっしょにおぼえたり、使《つか》い方《かた》でたしかめたりしよう。

6 送《おく》りがな(3)　6ページ

1

か・き・く・け・こ・い

2

(1) き　(2) い　(3) く

3

(1) ①走ら　②走っ　③走れ　④走り
(2) ①話し　②話そ　③話さ　④話す

ポイント

同じことばでも、使《つか》い方《かた》によって、送《おく》りがながかわることがあるよ。いろいろなことばで、たしかめておこう。

7 漢字《かんじ》の音と訓《くん》　7ページ

1

(1) ゆうじん・とも
(2) じかん・いまどき
(3) かいじょう・ば
(4) きょうふう・きたかぜ
(5) やかん・よ
(6) ほこう・ある

2

(1) 合体　(2) 会話　(3) 近所　(4) 星ざ　(5) 草原

ポイント

意味《いみ》がわかりやすい読み方が訓《くん》読みだね。

8 国語辞典《じてん》の使《つか》い方《かた》(1)　8ページ

1
① あさ
② あり
③ かい
④ つき
⑤ かもめ

2
① さる
② たい
③ ふた
④ かき
⑤ ベンチ

おうちの方へ
国語辞典《じてん》に出ていることばが、五十音順《じゅん》に並《なら》べてあることや、活用のあるものは言い切りの形で出ていることなどを覚《おぼ》えて、実際《じっさい》に使《つか》えるようにすることが大切です。

9 国語辞典《じてん》の使《つか》い方《かた》(2)　9ページ

1
① いしや
② じゆう
③ さつき
④ びよういん

ポイント
小さく書く「っ・ゃ・ゅ・ょ」は、大きく書く「つ・や・ゆ・よ」のあとだよ。

2
(1) 2 1
(2) 2 1
(3) 2 1
(4) 2 1 3
(5) 1 3 2
(6) 3 1 2
(7) 2 3 1

10 国語辞典《じてん》の使《つか》い方《かた》(3)　10ページ

1
(1) 書く　(2) 読む
(3) 遠い　(4) しずか

2
(1) 思う　(2) 聞く
(3) 強い

3
(1) 歩く　(2) 近い

4
(1) ひやす　(2) 切る
(3) 楽しい　(4) おどる

ポイント
国語辞典《じてん》に出ている形は、言い切りの形だよ。動《うご》きを表《あらわ》すことば(動詞《どうし》)は、「書く」「読む」のように「ウ段《だん》」の音で終《お》わるよ。様子《ようす》を表《あらわ》す「遠い」「強い」などのことばは、「い」で終《お》わるよ。

11 三年生の漢字《かんじ》(1)　11ページ

1
がくしゅう・ばめん・ようす・つか・なんど・しら

2
(1) がくしゅう
(2) ばめん
(3) ようす
(4) つか
(5) なんど
(6) しら

3
正しい書きじゅんで書きましょう。

4
(1) 使・学習
(2) 何度・調
(3) 場面・様子

おうちの方へ
三年生では、200字の漢字《かんじ》を習《なら》います。一学期《がっき》で学習《がくしゅう》した漢字《かんじ》は、この夏休み中に復習《ふくしゅう》して、しっかり覚《おぼ》えるようにしましょう。

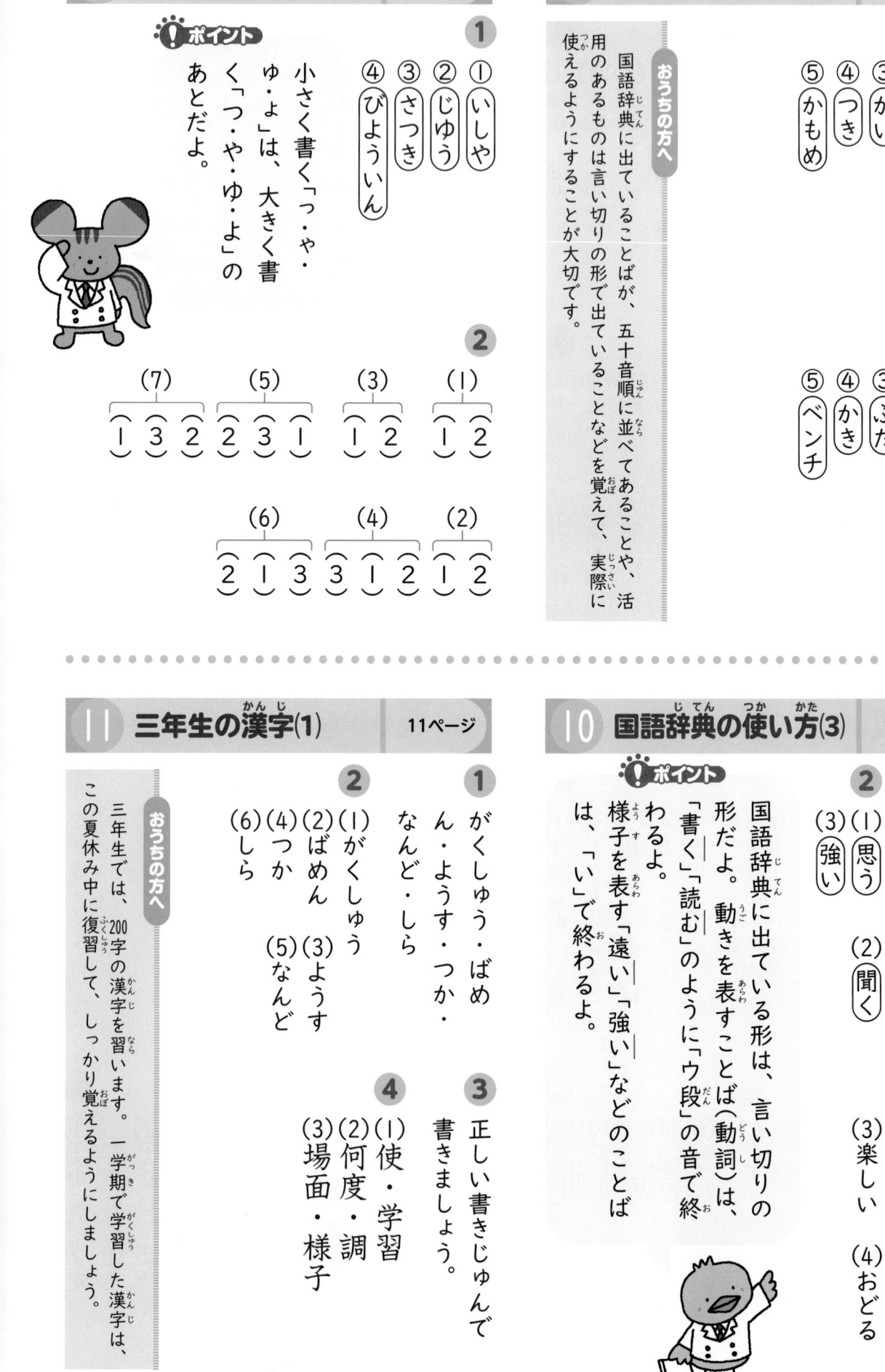

12 文の組み立て(1) 12ページ

1
(1)子犬が
(2)小鳥が
(3)男の子が
(4)おじいさんが

2
(1)せみが
(2)馬が
(3)弟が

3
(1)魚が
(2)兄は

おうちの方へ
ここでは、主語《しゅご》（「何が（は）」「だれが（は）」）と述語《じゅつご》（「どうする」「どんなだ」「何だ」）にあたることばをとらえる練習《れんしゅう》をします。

13 文の組み立て(2) 13ページ

1
(1)ふる
(2)はねる
(3)おいかける

2
(1)走る
(2)うむ
(3)作る

3
(1)とびおきる
(2)かきはじめる

ポイント
「どうする」は、動《うご》きや動作《どうさ》などを表《あらわ》すことばだよ。ふつうの文では、文の終《お》わりにあるよ。

14 文の組み立て(3) 14ページ

1
(1)黒い
(2)大きい
(3)鳥だ

2
(1)長い
(2)まぶしい
(3)きれいだ
(4)野さいだ

3
(1)おもしろい
(2)一年生だ

ポイント
「どんなだ」は、様子《ようす》を表《あらわ》すことばだよ。「何だ」は、ものや物《もの》事《ごと》を表《あらわ》すよ。

15 三年生の漢字《かんじ》(2) 15ページ

1
としょかん・みや・ひろ・は・ね・ぶぶん・しょくぶつ

2
(1)としょかん
(2)みや
(3)ひろ
(4)は・ね
(5)ぶぶん
(6)しょくぶつ

3
正しい書きじゅんで書きましょう。

4
(1)図書館・宮
(2)植物・拾
(3)葉・根・部分

ポイント
「館《かん》」の「飠」を「食」としないように気をつけよう。

16 物語《ものがたり》の読みとり(1)　16ページ

1 きのう
2 夕方
3 昼休み
4 ほうか後
5 夏休み

おうちの方へ
物語《ものがたり》の読みとりでは、まず、「いつ」「どこで」「何が」「どのように」「どうした」かなどの、場面《ばめん》の様子《ようす》をおさえることが大切です。16～18回では、「いつ」や「どのように」などのことばを読みとります。

17 物語《ものがたり》の読みとり(2)　17ページ

1 ぶるぶる
2 ゆっくり
3 しくしく
4 いそいで
5 たたく・どたっ

ポイント
「どうする」をくわしくしていることばに注目《ちゅうもく》しよう。
1 では、「どのようにふるえていたか」を考えてみよう。

18 物語《ものがたり》の読みとり(3)　18ページ

1
(1)耳・ひくひく
(2)アフリカ・風

2
(1)夜明け前
(2)あらし・うそ・風

ポイント
1 じんざがねむっているときの様子《ようす》が前半に、どんなゆめを見ているかが後半に書かれているよ。

19 三年生の漢字《かんじ》(3)　19ページ

1 いちびょう・いた・つぎ・おく・ばんごう・たい・ばしょ

2
(1)いちびょう
(2)つぎ　(3)ばんごう
(4)ばしょ　(5)おく
(6)たい・いた

3 正しい書きじゅんで書きましょう。

4
(1)次・番号
(2)平・場所
(3)秒・板・送

ポイント
「次《つぎ》」の「冫」を「氵」としないように。「号《ごう》」の「丂」は、一画で書くよ。

20 せつ明文の読みとり(1) 20ページ

1 キャベツ畑

2 地面・葉っぱ

3 こけ

4 そこ・石の下

おうちの方へ

説明文《せつめいぶん》では、文章《ぶんしょう》に書かれていることを正確《せいかく》に読みとることが大切です。ここでは、「どこで(に)」という場所《ばしょ》に注目《ちゅうもく》して、文章《ぶんしょう》のキーワードとなることばの意味《いみ》や内容《ないよう》を読みとる練習《れんしゅう》をします。

21 せつ明文の読みとり(2) 21ページ

1 葉っぱ

2 夏・冬・つぼみ・春

3 はさみ・大きさ

ポイント

1 犬や牛についたり、ほこりやごみにまじったりするのはべつのダニのことだね。

2 さくらの花が、きせつごとにどのような様子《ようす》になるのかを読みとろう。

22 せつ明文の読みとり(3) 22ページ

1 (1)たまご・上 (2)から・葉っぱ

2 (1)広いけしき (2)はね・りんぷん・水〈雨〉

ポイント

それぞれの問題《もんだい》が、文章中《ぶんしょうちゅう》のどの部《ぶ》分《ぶん》にあたるかをさがしてみよう。

1 2 (1)では、さいしょの文を読もう。(2)では、ちょうのはねについている「りんぷん」のはたらきを読みとろう。

23 作文(1) 23ページ

1 (1)プール (2)店

2 (1)朝 (2)夕方

3 (1)朝早く・海に (2)夕方・家に

4 れいきのう・広場で

おうちの方へ

23・24回では、作文の基礎的《きそてき》な学習《がくしゅう》として、「いつ」「どこで」「どのように」がはっきりした文や文章《ぶんしょう》を書く練習《れんしゅう》をします。実際《じっさい》の作文などで、適切《てきせつ》に使《つか》えるようになれば、読む人に内容《ないよう》や様子《ようす》をはっきり伝《つた》えることができます。

24 作文(2)　24ページ

1

(1) そっと
(2) いそいで
(3) 楽しそうに

2

(1) ワンワン・そっと
(2) ザーザー・がっかり

3

(1) れい ゆっくり
(2) れい 思いきり

ポイント

3 では、( )のあとのことばに注目《ちゅうもく》して、くわしくすることばを考えよう。

25 1学期《がっき》のまとめ(1)　25ページ

1

(1) ①葉　②持
(2) わかば・きせつ
(3) 六・山・林道
(4) 大いそがし・ひま

ポイント

ひとりではたらくつぼみさんのいそがしさが読みとれたかな。

26 1学期《がっき》のまとめ(2)　26ページ

1

(1) ①水面　②泳
(2) 春・小川・池
(3) 三、四センチメートル
(4) 水の中・こん虫

ポイント

めだかのてきが、どんな生きものなのかを読みとろう。

これで国語の学習《がくしゅう》は終《お》わりだよ。さい後までよくがんばったね。もう一学期《がっき》の国語はカンペキだ！

算数が終《お》わっていない人は、今度《こんど》は算数のページをやってみよう！

国語　しあげテスト

1
(1) ①ひろ　②としょかん　③がくしゅう　④ようす
(2) ①調　②植物　③宮　④部分

2
(1) 犬が
(2) 行く
(3) 高い

3
(1) きのう・プールに
(2) キラキラ・うっとり

4
(1) 茶色い・ぴかぴか
(2) こな・もち・ふかして
(3) さいそく

ポイント

3 (1)は、いつ、どこに行ったのかがわかることばをえらぼう。(2)は、どちらも様子《ようす》を表《あらわ》すことばだよ。

算数　しあげテスト

1 ①0　②80

2 ①2　②6　③9　④0　⑤9　⑥1

3 式　42÷7=6
答え　6たば

4 ①2あまり1　②3あまり2

5 式　52÷8=6あまり4
答え　6こ，あまり4こ

ポイント
どんな数に0をかけても答えは0，0をどんな数でわっても答えは0だよ。

6 ①111　②740　③3102

7 ①17　②121　③917

8 午前11時5分

9 1060m，1km60m

10 ①2人　②14人　③66人

ポイント
たし算のくり上がり，ひき算のくり下がりに気をつけて計算しよう。位《くらい》をまちがえないようにね。

20 表《ひょう》とグラフ　29ページ

1

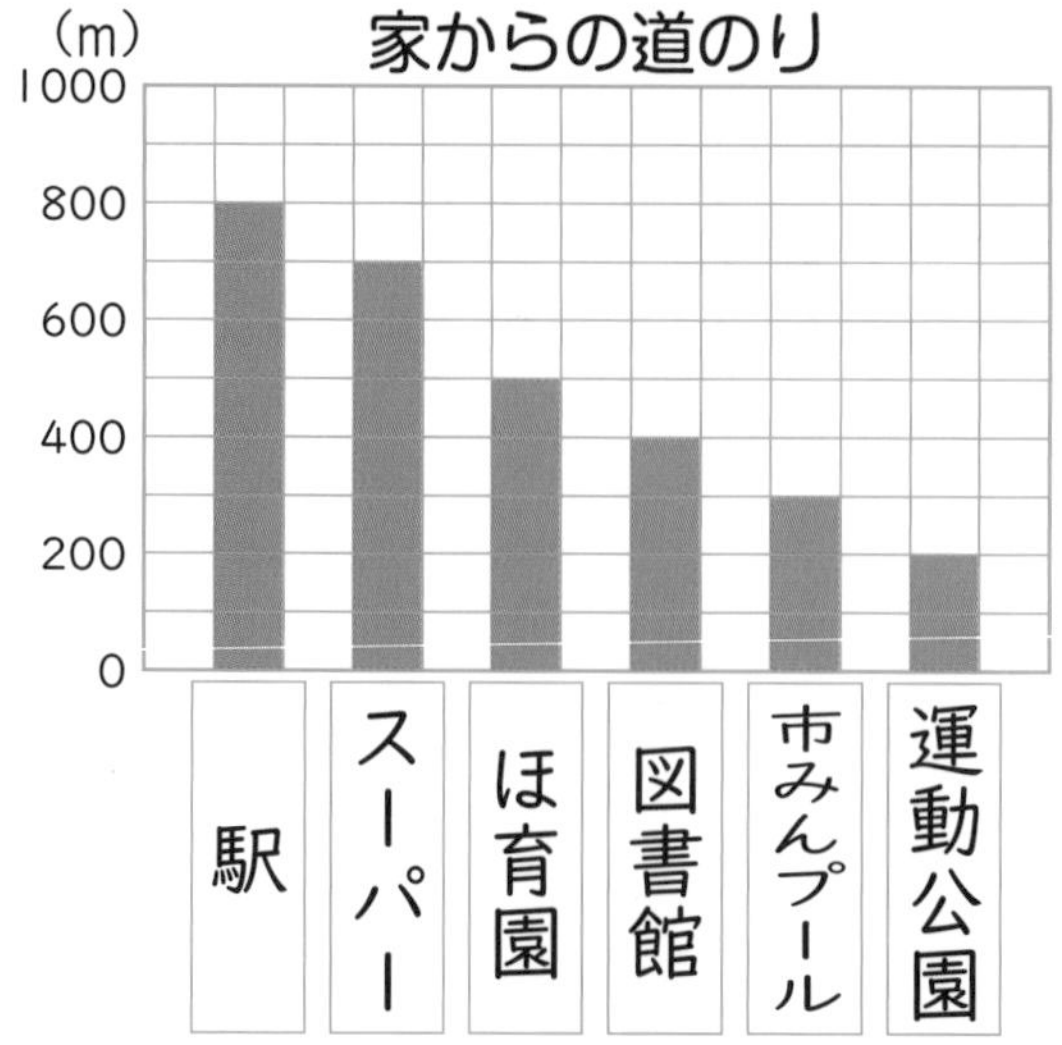

2 ①8 人　②17 人
③29 人　④90

ポイント
1 グラフの 1 目もりは
100m を表《あらわ》しているよ。

21 1 学期《がっき》のまとめ(1)　28ページ

1 ①0　④70
②40　⑤0
③0　⑥60

2 ①2　⑥9
②3　⑦8 あまり 5
③3　⑧9
④6 あまり 1　⑨0
⑤7　⑩7

3 式　48÷8＝6
答え　6 本

4 ①1020
②100

ポイント
九九を使《つか》うわり算は
スラスラできるよう
にしておこう。

22 1 学期《がっき》のまとめ(2)　27ページ

1 ①681　③831　⑤5598
②511　④1287　⑥6913

2 ①242　③216　⑤5412
②366　④259　⑥2036

3 式　425＋135＝560
答え　560 円

4 30 分〔30 分間〕

これで算数の学習《がくしゅう》は終《お》わりだよ。
さい後までよくがんばったね。
もう 1 学期《がっき》の算数はカンペキだね！

国語が終《お》わっていない人は，
今度《こんど》は国語のページを
やってみよう！

16 ひき算(3)　33ページ

1 ①96　④108　⑦96　⑩485
②194　⑤303　⑧194　⑪374
③184　⑥293　⑨274　⑫177

2 ①1282　⑤1733　⑨1521　⑬1272
②1281　⑥1722　⑩1516　⑭869
③1579　⑦1729　⑪1492　⑮777
④1577　⑧1684　⑫1546　⑯977

ポイント
数が大きくなっても，
一の位《くらい》からじゅんに
計算していくんだよ。

17 ひき算(4)　32ページ

1 ①2000　④1650　⑦1330　⑩1737
②2400　⑤1624　⑧1328　⑪1284
③2460　⑥1623　⑨1278　⑫1144

2 式　385－162＝223
答え　223ページ

3 式　500－245＝255
答え　255円

4 式　2685－1293＝1392
答え　1392人

おうちの方へ
けた数が大きい数の計算は，くり下がりに注《ちゅう》意《い》しましょう。くり返《かえ》し練習《れんしゅう》して慣《な》れるようにしておきましょう。

18 時こくと時間　31ページ

1 ①1
②60
③120

2 50分〔50分間〕

3 30分〔30分間〕

4 午後3時10分

5 午前10時50分

おうちの方へ
分の時間を表《あらわ》すときは，「分」だけでも「分間」としても，まちがいではありません。**2**で50分間と答えても正解《せいかい》です。

19 長さ　30ページ

1 ㋐60cm　㋑1m5cm
㋒2m12cm

2 ①1000　②2015
③3　④4，200

3 ①cm　②km　③m　④mm

4 ①920m
②式　600+700＝1300
答え　1300m，1km300m
③式　1300－920＝380
答え　380m

12 たし算(3)　37ページ

1 ①282　④352　⑦582　⑩523
②302　⑤422　⑧612　⑪601
③312　⑥325　⑨422　⑫652

2 ①972　⑤380　⑨652　⑬618
②651　⑥855　⑩1134　⑭1143
③1187　⑦1272　⑪1100　⑮873
④1163　⑧1184　⑫806　⑯1310

おうちの方へ

3けたのたし算のまとめの問題《もんだい》です。3けたどうしのたし算で，3回くり上がる計算もあります。まちがえた問題《もんだい》は，くり返《かえ》し練習《れんしゅう》するようにしましょう。

13 たし算(4)　36ページ

1 ①1500　④1451　⑦3000　⑩4683
②1620　⑤2726　⑧3200　⑪4587
③1978　⑥4266　⑨3570　⑫3818

2 式　245＋232＝477
答え　477本

3 式　235＋285＝520
答え　520円

4 式　2543＋1438＝3981
答え　3981人

ポイント
くり上がりに注意《ちゅうい》して
計算しよう。

14 ひき算(1)　35ページ

1 ①12　④23　⑦26　⑩48
②21　⑤24　⑧30　⑪6
③22　⑥37　⑨39　⑫5

2 ①90　⑤88　⑨209　⑬323
②125　⑥74　⑩192　⑭292
③111　⑦63　⑪175　⑮282
④101　⑧50　⑫165　⑯307

ポイント
くり下がりに気を
つけて計算しよう。

15 ひき算(2)　34ページ

1 ①400　④232　⑦318　⑩266
②430　⑤210　⑧315　⑪155
③333　⑥47　⑨207　⑫148

2 ①118　⑤164　⑨227　⑬481
②88　⑥159　⑩167　⑭375
③68　⑦197　⑪189　⑮197
④57　⑧178　⑫178　⑯97

ポイント
一の位《くらい》からじゅんに
計算しよう。

8 あまりのあるわり算(1)　41ページ

1
①式　4÷2=2　答え　2こ
②式　5÷2=2あまり1
答え　2こ，あまり1こ

2
①式　6÷3=2　答え　2こ
②式　7÷3=2あまり1
答え　2こ，あまり1こ

3
①3　⑤2
②3あまり1　⑥2あまり1
③4　⑦2あまり2
④4あまり1　⑧3

おうちの方へ

わり算で，あまりがあるときは「わりきれない」，あまりがないときは「わりきれる」といいます。問題《もんだい》を解《と》きながら，この表現《ひょうげん》に慣《な》れるようにしましょう。

9 あまりのあるわり算(2)　40ページ

1
①2　⑦2
②2あまり1　⑧2あまり1
③2あまり2　⑨2あまり2
④2あまり3　⑩2あまり3
⑤3　⑪2あまり4
⑥3あまり1　⑫3

2
①6　⑪2
②4　⑫1あまり6
③3　⑬1あまり6
④2あまり2　⑭2あまり1
⑤2　⑮2
⑥6あまり1　⑯1あまり7
⑦4あまり1　⑰2あまり3
⑧3あまり1　⑱2あまり1
⑨2あまり3　⑲2
⑩2あまり1

ポイント
わり算のあまりは，わる数より小さくなるようにするよ。

10 たし算(1)　39ページ

1
①43　④99　⑦92　⑩130
②43　⑤60　⑧115　⑪126
③72　⑥77　⑨106　⑫103

2
①170　⑤160　⑨200　⑬240
②185　⑥134　⑩500　⑭530
③174　⑦122　⑪700　⑮460
④178　⑧144　⑫900　⑯790

ポイント
位《くらい》をまちがえないように計算しよう。

11 たし算(2)　38ページ

1
①347　④359　⑦580　⑩443
②576　⑤372　⑧623　⑪610
③559　⑥472　⑨691　⑫495

2
①465　⑤450　⑨728　⑬793
②482　⑥645　⑩624　⑭577
③585　⑦658　⑪606　⑮205
④385　⑧418　⑫430　⑯448

ポイント
くり上がりに注意《ちゅうい》して計算しよう。

4 わり算(2)　45ページ

1 ①4　②6　③8　④3　⑤1　⑥0　⑦2　⑧5　⑨8　⑩1　⑪0　⑫2　⑬6　⑭7　⑮9　⑯5

2 ①6　②4　③3　④9　⑤1　⑥4　⑦2　⑧1　⑨0　⑩7　⑪3　⑫9　⑬7

ポイント
0をどんな数でわっても，答えは0だよ。

5 わり算(3)　44ページ

1 ①3　②5　③2　④7　⑤2　⑥3　⑦6　⑧7　⑨9　⑩1　⑪4　⑫1　⑬8

2 ①9　②5　③8　④6　⑤6　⑥3　⑦9　⑧6　⑨5　⑩6　⑪7　⑫8　⑬8　⑭7　⑮6　⑯8

ポイント
あまりのあるわり算を勉強《べんきょう》するために，ここで，わりきれるわり算をカンペキにしておこう。

6 わり算(4)　43ページ

1 ①12，3
②12÷3=4
③4こ

2 式　28÷4=7
答え　7こ

3 式　45÷9=5
答え　5本

4 式　56÷7=8
答え　8こ

ポイント
文章《ぶんしょう》をよく読んで，式《しき》を立てよう。

7 わり算(5)　42ページ

1 ①15，3
②15÷3=5
③5人

2 式　24÷6=4
答え　4人

3 式　48÷8=6
答え　6人

4 式　36÷4=9
答え　9つ

おうちの方へ

文章題《ぶんしょうだい》は，正しく立式《りっしき》できているか，答えのまちがいや助数詞《じょすうし》(**1**～**3**の「人」や**4**の「つ」など，ものを数えるときに数字のうしろにつけることば)のつけ忘《わす》れがないかなど，計算以外《いがい》のミスがないように注意《ちゅうい》して下さい。

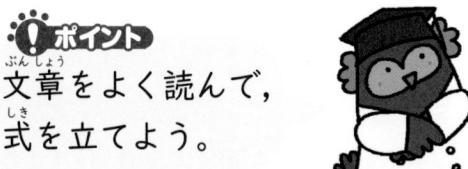

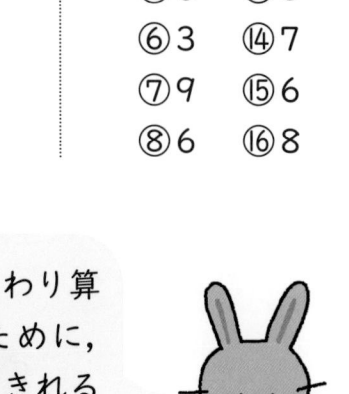

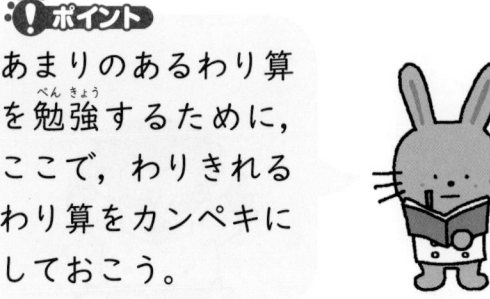

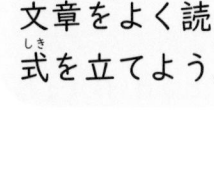

答え合わせは，１つずつ，ていねいに見ていこう。

まちがえた問題《もんだい》はくり返《かえ》しれんしゅうしよう。

1 かけ算(1)　48ページ

1
①12　⑥28　⑪21
②12　⑦45　⑫48
③8　⑧24　⑬20
④18　⑨24　⑭56
⑤30　⑩10　⑮72

2
①8　⑥20　⑪0
②6　⑦15　⑫0
③4　⑧10　⑬0
④2　⑨5　⑭0
⑤0　⑩0

3
①18　⑥36　⑪20
②21　⑦42　⑫20
③24　⑧48　⑬80
④27　⑨54　⑭60
⑤30　⑩60

ポイント
どんな数に0をかけても，答えは0だね。

2 かけ算(2)　47ページ

1
①12　⑥40　⑪56
②0　⑦36　⑫60
③45　⑧24　⑬0
④50　⑨0　⑭90
⑤0　⑩70　⑮0

2
①24　③28　⑤54
②24　④28　⑥54

3
①4　③9
②2　④3

4
①12　③18　⑤36
②12　④18　⑥36

5
①3×5，5×3
②3×8，8×3，4×6，6×4

おうちの方へ
答えが同じになる九九の問題《もんだい》です。九九を覚《おぼ》えているかがポイントとなります。

3 わり算(1)　46ページ

1
①3　⑨6
②4　⑩9
③8　⑪6
④5　⑫7
⑤8　⑬6
⑥6　⑭4
⑦4　⑮3
⑧7　⑯7

2
①5，5
②6，6
③6，6
④8，8
⑤7，7
⑥8，8
⑦3，3
⑧7，7
⑨6，6

ポイント
かけ算九九をつかって，わり算の答えをもとめるよ。

くもんの夏休みドリル

小学3年生

算数

答え

●〔　〕は，ほかの答え方です。

えいごの答え

○問題《もんだい》に書いてある場合，読まれたえいごや日本語やくははぶいています。
○なぞり書きの答えは，はぶいています。

1 Hello! How are you? こんにちは！ 元気ですか？ 31ページ

3

3 読まれたえいご Hello! Hello! How are you?

黄色の場面 I'm great. 緑の場面 I'm hungry.
青の場面 I'm sad. むらさきの場面 I'm tired.
赤の場面 I'm full.

2 How many apples? りんごを何こ？ 29ページ

3 ① 10 ② 20 ③ 14

2 かし 1, 2, 3, 4, 5, 6, 7, 8, 9, 10.
11, 12, 13, 14, 15, 16, 17, 18, 19, 20.
I can count from 1 to 20.
(わたしは 1 から 20 まで数えられるよ。)
Next time won't you count with me?
(つぎはいっしょに数えよう。)

4 読まれたえいご
① How many apples are there?
(りんごは何こありますか？)
One, two, three, four, five, six, seven, eight, nine, ten.
② How many strawberries are there?
(いちごは何こありますか？)
One, two, three, four, five, six, seven, eight, nine, ten, eleven, twelve, thirteen, fourteen, fifteen, sixteen, seventeen, eighteen, nineteen, twenty.
③ How many lemons are there?
(レモンは何こありますか？)
One, two, three, four, five, six, seven, eight, nine, ten, eleven, twelve, thirteen, fourteen.

3 Do you like soccer? サッカーがすき？ 27ページ

3

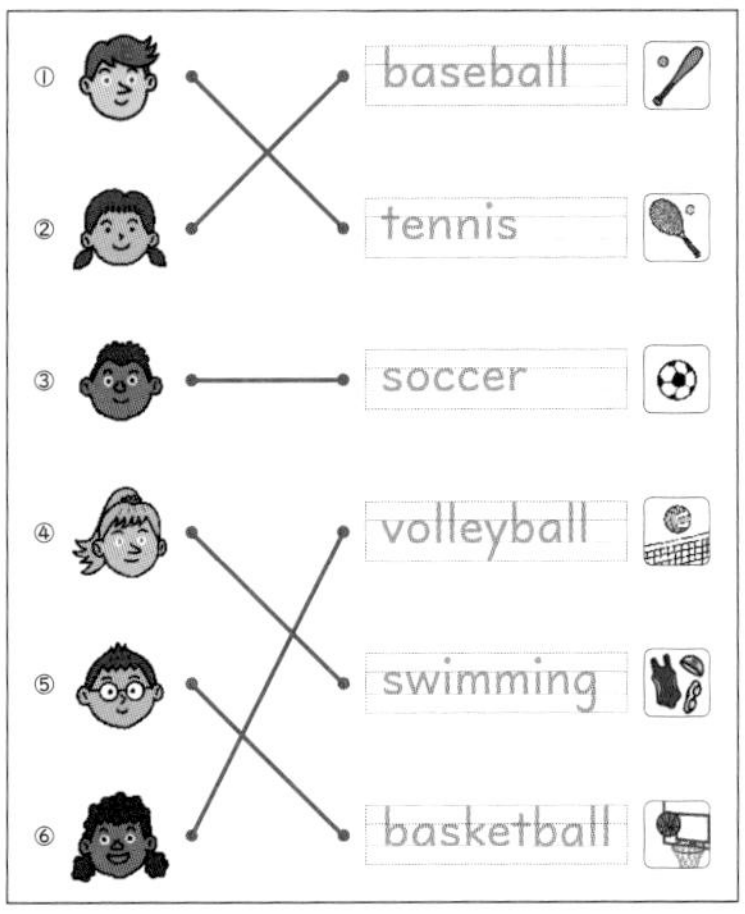

3 読まれたえいご
① Do you like basketball? No, I don't. I like tennis.
(バスケットボールがすき？ いいえ。テニスがすき。)
② Do you like baseball? Yes, I do. I like baseball.
(野球《やきゅう》がすき？ うん。野球《やきゅう》がすき。)
③ Do you like soccer? Yes, I do. I like soccer.
(サッカーがすき？ うん。サッカーがすき。)
④ Do you like tennis? No, I don't. I like swimming.
(テニスがすき？ いいえ。水泳《すいえい》がすき。)
⑤ Do you like basketball? Yes, I do. I like basketball.
(バスケットボールがすき？ うん。バスケットボールがすき。)
⑥ Do you like dodgeball? No, I don't. I like volleyball.
(ドッジボールがすき？ いいえ。バレーボールがすき。)

4 What do you like? 何がすき？ 25ページ

3

3 読まれたえいご What do you like?
① I like ice cream, doughnuts and yoghurt.
(アイスクリームとドーナッツとヨーグルトがすき。)
② I like cake, pancakes and chocolate.
(ケーキとホットケーキとチョコレートがすき。)
③ I like pudding, potato chips and cookies.
(プリンとポテトチップとクッキーがすき。)

4 かし A B C D E F G H I J K L M N,
O P Q R S T U V W and X Y Z.
A B C D E F G, I am singing A B C.
(わたしは A B C を歌っています。)

3 音声を聞くと，それぞれの子どもがすきなおやつを３つずつ言っています。すきなおやつの絵を○でかこみましょう。

①

②

③

4 音声に合わせて，アルファベットの歌をいっしょに歌いましょう。
２回目は音がところどころぬけているので，自分で歌ってみましょう。

N O P Q R S T U V W X Y Z

4 What do you like?
何がすき？

1回目	2回目	3回目
月　日	月　日	月　日

25

1 音声を聞いて，まねして言いましょう。

What do you like?
何がすき？

I like ice cream.
アイスクリームがすき。

1  ice cream

2 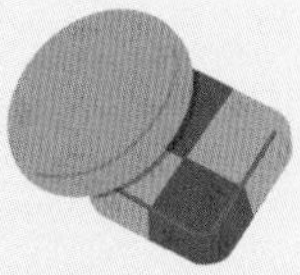 cookies

3  pudding

4  cake

5  pancakes

6  chocolate

7  doughnuts

8  popcorn

9  yoghurt

10  parfait

11  candy

12  potato chips

2 音声に合わせて，おやつの名前の歌をいっしょに歌いましょう。

A B C D E F G H I J K L M

2 音声に合わせて，すきなことの歌をいっしょに歌いましょう。

3 音声を聞くと，それぞれの子どもがすきなスポーツを聞かれて答えています。その子とすきなスポーツを線でむすびましょう。

4 スポーツの名前のえいごを，声に出して言いながらなぞりましょう。

①  baseball 

②  tennis 

③  soccer 

④  volleyball 

⑤  swimming 

⑥  basketball 

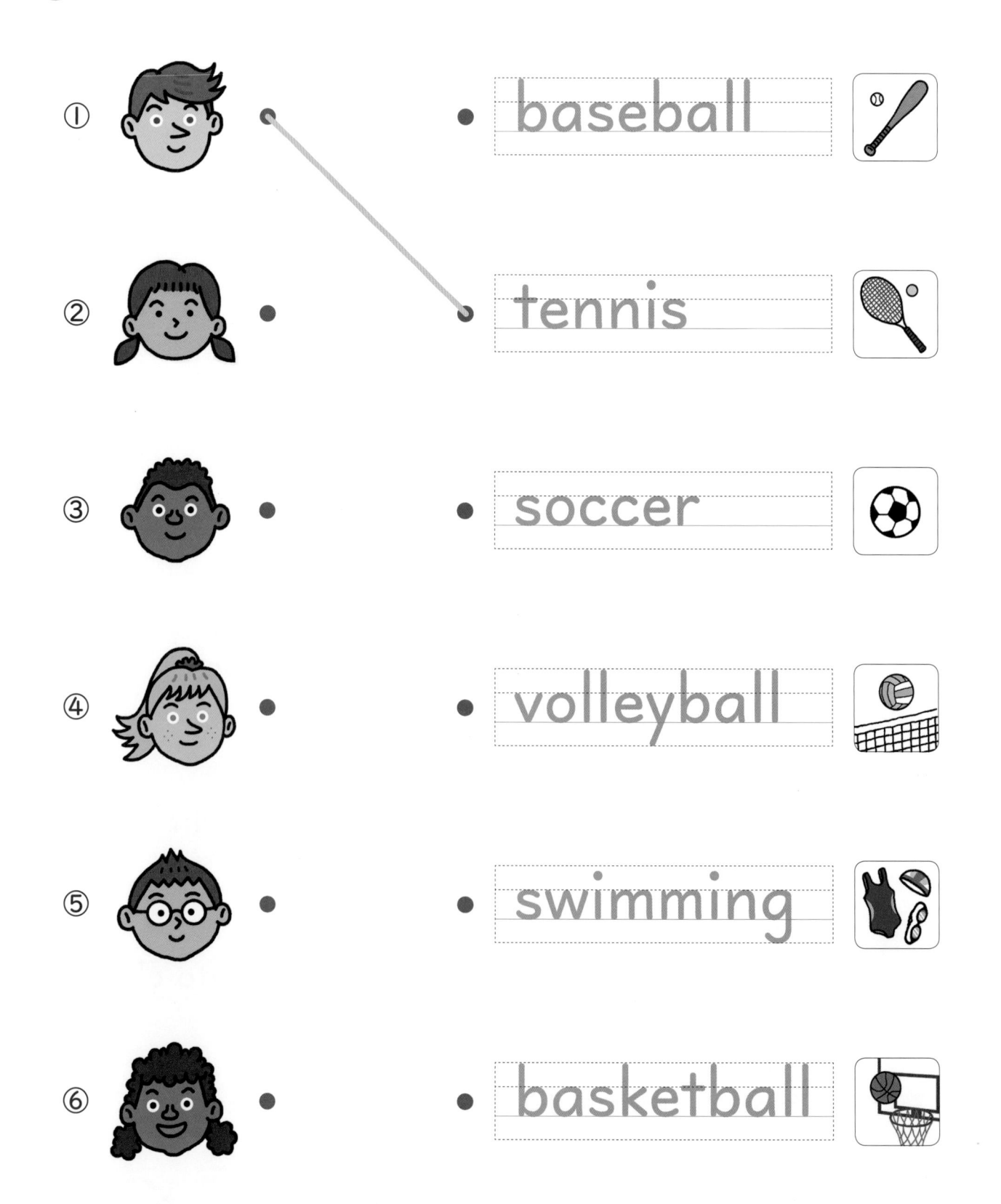

えいご

3 Do you like soccer?

サッカーがすき？

1回目	2回目	3回目
月　日	月　日	月　日

27

1 音声を聞いて，まねして言いましょう。

Do you like soccer?
サッカーがすき？

Yes, I do. I like soccer.
うん。サッカーがすきだよ。

No, I don't. I like tennis.
いいえ。テニスがすきなんだ。

1

dodgeball

2

swimming

3

baseball

4

soccer

5

volleyball

6

tennis

7

basketball

8

traveling

9

painting

10

cooking

11

reading

12

singing

13

shopping

14

dancing

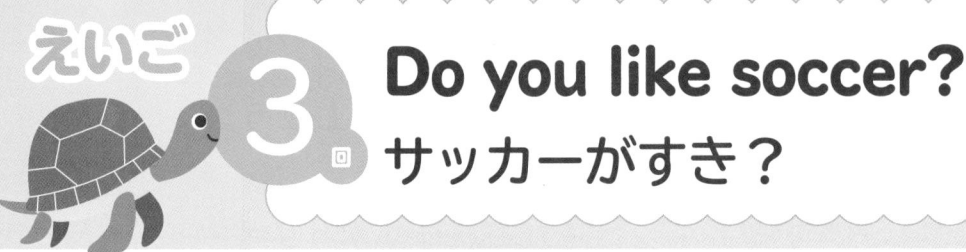

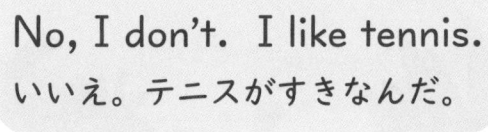

2 音声に合わせて，1 ～ 20 の数の歌をいっしょに歌いましょう。

3 下の絵の中にりんご，いちご，レモンはそれぞれ何こありますか？
□の中に数字を書きましょう。

4 音声を聞きながら，いっしょにりんご，いちご，レモンの数を数えましょう。

①りんご：□こ　②いちご：□こ　③レモン：□こ

えいご

2. How many apples?

りんごを何こ？

1回目	2回目	3回目
月　日	月　日	月　日

29

1 音声を聞いて，まねして言いましょう。

How many apples do you want?
りんごを何こほしいですか？

Three, please.
3こ，おねがいします。

1 one	2 two	3 three
4 four	5 five	6 six
7 seven	8 eight	9 nine
10 ten	11 eleven	12 twelve
13 thirteen	14 fourteen	15 fifteen
16 sixteen	17 seventeen	18 eighteen
19 nineteen	20 twenty	

2 音声に合わせて，からだの調子《ちょうし》と気持《きも》ちの歌をいっしょに歌いましょう。

3 赤ずきんがオオカミの家にやってきました。
音声を聞くと，ふたりが話しています。
それぞれの場面《ばめん》で，赤ずきんはなんと言っているでしょうか？
左ページの２～８の中からえらんで，□にその番号《ばんごう》を書きましょう。

えいご 1

Hello! How are you?
こんにちは！ 元気ですか？

1回目	2回目	3回目
月 日	月 日	月 日

31

1 音声を聞いて，まねして言いましょう。

1 Hello!
こんにちは！
How are you?
元気ですか？

2 I'm great.
とても元気です。

3 I'm hungry.
おなかがすいています。

4 I'm thirsty.
のどがかわいています。

5 I'm full.
おなかがいっぱいです。

6 I'm happy.
幸《しあわ》せです。

7 I'm sad.
悲《かな》しいです。

8 I'm tired.
つかれています。

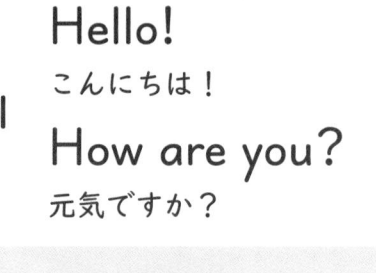

くもんの 小学3年生 夏休みドリル

楽しいえいご

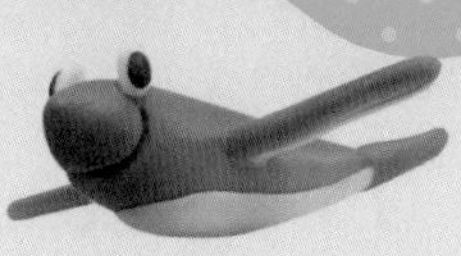

ここをもって引《ひ》っぱってください。取《と》り外《はず》せます。

● 31 このマークがあるページは、音声《おんせい》を聞《き》きましょう。

「きくもん」アプリを使《つか》うときに入力《にゅうりょく》する、ページ番号《ばんごう》です。

音声《おんせい》の聞《き》き方《かた》

●音声《おんせい》アプリ「きくもん」を
ダウンロード

1 くもん出版《しゅっぱん》のガイドページにアクセス
2 指示《しじ》にそって、アプリをダウンロード
3 アプリのトップページで、『くもんの夏休《なつやす》みドリル 小学《しょうがく》3年生《ねんせい》』を選《えら》ぶ

＊「きくもん」アプリは無料《むりょう》ですが、ネット接続《せつぞく》の際《さい》の通信料金《つうしんりょうきん》は別途《べっと》発生《はっせい》いたします。

●くもん出版《しゅっぱん》のサイトから、音声《おんせい》ファイルをダウンロードすることもできます。